JN252868

MOVERSの実践事例の写真

カバー付きゴムひもで楽しく協同的な遊び

ライクラ（ポリウレタン製の生地）で引っ張ったり伸ばしたりする

園庭での腹ばいタイム

大人が子どもと一緒に手足で這う活動

逆さまにぶら下がり、脳の前庭系を刺激する

子どもがクッションの間に挟まって横たわると、優しい圧力が加わり、自己受容システムが落ち着く

収穫：育て、庭いじりすることが子どものウェルビーイングを支える

雨や雪で地面が濡れた状態でも、屋外で身体活動

バランスをとり膝を曲げて、跳ぶ準備
をして自信を持って見ている

上半身を強くする複合遊具

微細運動スキルを使って描くことを促
すための、創造的な考え

ふり遊びの中で微細運動スキルを使う

3〜4歳の頃に身体的に活発である
ことを促されると……

それは5歳までに体育活動の基盤と
なる能力を発達させるということを意
味する

「体を動かす遊び
のための環境の質」
評価スケール

保育における乳幼児の運動発達を支えるために

キャロル・アーチャー＋イラム・シラージ 著

秋田喜代美 監訳・解説

淀川裕美＋辻谷真知子＋宮本雄太 訳

明石書店

日本語版刊行にあたって

　MOVERS（Movement Eentenvironment Rating Scale）が日本語に翻訳され刊行されること、そしてこの考え方が広く共有され議論されるであろうことを、著者の一人として、とてもうれしく思います。身体の発達は幼児の発達と学びにおいてきわめて重要な分野の一つであり、他のカリキュラム領域の学びとのつながりは疑いようもありません。

　監訳者の秋田喜代美教授は、オーストラリアのウーロンゴン大学でのMOVERSのマスターコースに参加されました。またSSTEWスケール（『保育プロセスの質評価スケール：乳幼児期の「ともに考え、深めつづけること」と「情緒的な安定・安心」を捉えるために』）の翻訳でも責任を負ってこられました（Siraj, Kingston & Melhuish, 2015　秋田・淀川, 2016）。したがって、秋田教授はこの環境スケールについてもよく理解されています。

　MOVERSは、体を動かす遊びのための保育環境の質とペダゴジー（教育方法）を評価するものである点、また園の職員間での専門性開発のニーズを押さえたものである点で、園にとって、大変役立つものです。ですので、このスケールは、身体の発達についての、たしかな専門性開発のための研修プログラムによって進められるならば、変化を生みだし実践を向上するために活用することができるでしょう。

　身体の発達は、乳幼児教育・保育の質にとってとても重要ですが、これまで見過ごされることも多かった分野です。園での、このカリキュラム領域での職員のための専門性開発は必須です。MOVERSを使った専門性開発を通して、園は自園の環境やペダゴジーの質を評価することができ、また質を上げるためのステップを確認することもできるでしょう。それが、ひいては子どもたちの育ちを支えていくのです。

　MOVERSの強みは、ECERS-EやSSTEWのような他の評価スケールと類似の評定システムを用いているので、それらのスケールにすでになじみのある実践者の方々にとっては、MOVERSを使用するための専門性開発がたやすくできるということです。MOVERSは、子どもの発達の主な3領域、認知的、社会情動的[★]、身体的発達を含む3つの評価スケールのうちの一つです。これらの3つの領域を、ECERS-E、SSTEW、MOVERSが互いに重複し関連し合い、発達全体をカバーしています。

キャロル・アーチャー
体を動かす遊びの実践者・コンサルタント

[★]「社会情動的="social-emotional" ("socio-emotional")」。社会情動的発達には忍耐力、社会性、自尊心などの発達が含まれ、OECD（経済協力開発機構）において近年着目されている。前翻訳書（2016）の『保育プロセスの質評価スケール：乳幼児期の「ともに考え、深めつづけること」と「情緒的な安定・安心」』では、「社会情緒的」という訳語を用いた。このたび本書では、日本の指針・要領改訂の経緯で示された文部科学省幼児教育部会（2016）の案における「社会情動的スキル」等を参照し、「社会情動的」を用いることとした。

目　次

【はじめにこちらをお読みください】

謝　辞

　MOVERSはイギリスや海外において、多くの経験を重ねた知識豊富な実践者や研究者からサポートやフィードバックをいただき、貴重な資源として発展してきました。全員のお名前を挙げることはできませんが、特に実践者グループのエブリー・タワー・ハムレッツ・チャイルド・ア・ムーバー（ETCaM: Every Tower Hamlets Child a Mover）には項目のいくつかの内容を形作る際に建設的なコメントをいただき、感謝申し上げます。ETCaMとCamden Early Yearsの実践者もまた、項目のいくつかを実践し応答をくださいました。MOVERSスケールは多くの園で全体的に実施していただきましたが、特に、コラムフィールドナーサリーのマネージャーであるキャロル・ペリーと、サー・ジョン・キヤス・チルドレンズセンターのスタッフに、時間を作っていただきコメントをいただいたことを感謝申し上げます。

　アメリカの神経再組織の分野で働くベッテ・レイモントには、この乳幼児の発達の分野における専門的意見と、スケールの項目に対する彼女の貴重な応答、そして彼女のインスピレーションやサポートをいただいたことに感謝します。またジャスミン・パシュには、子どもたちの遊び心に満ちた動きについての洞察、MOVERSへのイメージが広がるフィードバックや刺激的な議論を提示いただいたことを感謝します。そしてブライトン大学上級講師でありロンドン大学教育学専門大学院主任研究員であるデニス・キングストンに、示唆に富んだコメント、サポート、そして絶えず励ましをいただいたことに格別の感謝を申し上げます。

　MOVERSの作成に貢献いただいたすべての方々の中で、特にウーロンゴン大学の同僚であるアンソニー・オークレイ教授、カリナ・カズミルスカ-コワレウスカ教授、レイチェル・ジョーンズ博士には、彼らの専門的知識・技術や指導、スケールに対する真の関心を寄せていただき、かけがえのないコメントをいただいたことに感謝します。また、本スケールのために写真を提供してくださった園、子どもたち、その保護者にも感謝申し上げます：ノース・ロンドン・フォレスト・スクール、ドルフィン・モンテッソーリ・スクール、アーガー・チルドレンズ・センター、プリムローズ・ヒル・プライマリー・スクール、コリンガム・ガーデンズ・ナーサリー。

序　文

　乳幼児の身体活動や運動発達の分野で働く研究者として、私はここ数年、身体活動や運動発達の分野での保育環境の質を測定する道具を探し求めてきました。物理的環境の役割のみに焦点化するのではなく、重要な教育的側面もカバーし、保育者が子どもたちの身体的領域における学びをいかに支え、広げているのかを評価する道具を。そのような道具が今や存在すると考えるだけで、気分が高揚しています。

　保育環境の質が、乳幼児期のポジティブな発達的成果を最大限にするのに非常に重要であることは、よく知られています。これらの成果の多くは、消えることなく、その後の教育歴に良い影響をもたらすことが示されています。

　しかしこれまでのところ、環境評価尺度は、「就学レディネス（準備性）」のような分野、すなわち言語的、認知的、社会情動的発達を測ることに多くの注意が向けられてきました。重要でありながらしばしば見過ごされる分野であるのが、身体的・運動的発達の分野における乳幼児期の保育の質と、大人のペダゴジー（教育方法）です。これがなぜ重要かというと、身体的発達は6歳までの子どもにとって、相互に関連する発達領域である三つの鍵となる領域の一つであるからです。

　この差を埋めるため、キャロル・アーチャーとイラム・シラージは「体を動かす遊びのための環境の質」評価スケール（MOVERS）を開発しました。このスケールは、乳幼児期の保育施設の子どもたちの動きの経験や環境の質を評価するものです。MOVERSの強みは、主要な他の環境の質評価尺度（ECERS、ITERS、SSTEW）と類似した評価方法を用いており、それらの道具に親しんでいる保育者たちにとってMOVERSを使うトレーニングをするのが容易であるということです。

　MOVERSは、園の環境の質を測定するだけでなく、保育者の中で専門性開発の必要な領域を特定するのにも用いることができる点で独自性があります。ですからそれは、著者らがMOVERSスケールと合わせて開発した、確かな専門性開発プログラムと一緒に使うことで、変化を促し、実践を改善するために用いることができます。

多くの専門家は、認知的、社会情動的、身体的発達という三つの領域が重要だということだけでなく、それらの領域が重なり合い、相互に関連しているということを認めるでしょう。それでも、まだ、乳幼児のための物理的環境と体を動かすための環境の質を測るような、乳幼児期の保育の環境とペダゴジーのスケールは存在しません。MOVERSは、乳幼児とかかわる保育者に、身体の発達と、それがどのように他の領域の発達の促進につながるのかということについての重要な知識を提供するでしょう。子どもの肥満、スクリーンタイム（電子機器の画面を見る時間）の増加、身体的に活発でない状態、子どもの健康と発達についての保護者の心配も高まっていることを考えれば、時宜を得たものであるといえるでしょう。

　MOVERSスケールは、この分野の第一人者たちによって開発されました。イラム・シラージ教授は、乳幼児期のペダゴジーの分野の世界で主要な研究者の一人として広く知られています。彼女は社会情動的発達（SSTEW）の分野や、学力の向上や多様性に関する育ちを支えるスケール（ECERS–E）など類似のスケールの共著者でもあります。キャロル・アーチャーは乳幼児施設の体を動かす遊びの領域に10年以上携わり、導いてきた実践コンサルタントです。彼女は、何が質の高い動きや遊びの環境を構成するのかについて、豊富な経験や知識を持っています。

　研究者や実践者が、動きの環境の質を包括的に測定したいとき、また乳幼児の身体の発達、運動発達を促す方法を知りたいと思ったときに、MOVERSは大変役に立つでしょう。私は、MOVERSを使った結果、質の高い乳幼児施設が増え、最終的には子どもたちがより高い運動能力をもち、自分の身体ができることについての自信をより持って小学校へ移行していくこと、そして、その後の人生で身体的に活発であることを楽しむことができるよう願っています。

　　　　アンソニー・オークレイ　教授（身体発達）
　　　　アーリー・スタート／ウーロンゴン大学社会科学研究科　オーストラリア

MOVERSのご紹介

　MOVERS は、環境評価スケール（ERS）であり、研究、自己評価や自己改善、監査、規制に用いることができます。MOVERS は最初にアメリカで開発された環境評価スケールの系列と類似した評定の枠組みをもっています。MOVERS は例えば、保育環境評価スケール修正版（the Early Childhood Environment Rating Scale–Revised（ECERS–R））（Harms et al., 2004）や、保育環境評価スケール拡大版（the Early Childhood Environment Rating Scale-Extension（ECERS–E））（Sylva et al., 2010）とも関係が深いです。シラージらは「ともに考え、深めつづけること」と「情緒的な安定・安心」のスケール（SSTEW: Sustained Shared Thinking and Emotional Well-being）（2015）を開発しましたが、それは前述の環境評価スケール（ERSs）と類似したフォーマットをもっています。環境評価の数が増加したこともあり、それらのトレーニングを受けた者なら誰でも MOVERS を用いることは比較的容易に感じるでしょう。というのも、MOVERS は、他の環境評価スケールと似たフォーマットを持っているからです。しかしながら内容に関しては、認定された研修者が行う専門性開発が必要です。

　誕生から6歳までの子どもたちの保育実践をサポートするために開発された環境評価スケールは、伝統的には、開発された当時に広く普及していた「発達的にふさわしい実践（DAP）」の概念に基づいています。ここ数年、それらのスケールは、何が効果的な実践を形作るのかについての私たちの知識が研究によって向上するにつれて、取り入れられ、広まっていきました。例えば、ECERS–E には ECERS–R の拡大版としてデザインされ、学業成果をサポートすることの重要性についての新たな考えが含まれています。ECERS–E にはカリキュラムの領域（リテラシー、数のリテラシー、科学、環境）を網羅しており、多様性に関するサブスケールも合わせて、保育者が子どもたちのグループだけでなく個々の子どものニーズに応じて計画し、文化的に子どもに敏感に、かつ柔軟に応じるようにしています。過去には、ECERS–R と ECERS–E はともに、認知的基盤ができてくるのをサポートするためにデザインされたペダゴジーやカリキュラム実践の評価と同様に、身体的、社会的、情動的環境の観察尺度を提供しました（Burchinal et al., 2008; Howes et al., 2008; Mashburn et al., 2010）。

　ここ数年、多くの国内外の研究は環境評価スケールに信頼性と妥当性があること、そし

て特に重要なこととして、子どもたちの社会情動的・認知的発達に関連するということを示してきました（Burchinal et al., 2002; Phillipsen et al., 1997; Sylva et al., 2004）。しかし、より最近の研究、例えば就学前教育の効果的な実践（EPPE）研究では、子どもたちの学びと発達を支えて学習成果を促進するときに、他の発達的側面を考慮することが重要であることが示されました（Siraj-Blatchford et al., 2002; Siraj-Blatchford, 2009）。それゆえ、SSTEWスケールは、2～5歳の子どもたちが確かな関係性や良いコミュニケーション、自己統制の側面を発達させるだけでなく「ともに考え、深めつづけること」と「情緒的な安定・安心」を発達させるのをサポートする実践について、考慮しています。MOVERSの重要性は、子どもたちの健康、ウェルビーイング、学びそして発達をサポートする際の、身体の発達、動き、実践に重点を置いていることにあります。MOVERSは著者を含む多くの実践者によって試行され、最近では信頼性と妥当性を確かめるために、オーストラリアのウーロンゴン大学のアーリー・スタート・リサーチ・インスティチュートによって、さらなる検討がなされています。MOVERSの予測妥当性についてのさらなる情報は、スケールの第二版で公表されるでしょう。

　MOVERSは私たちの著書『体を動かす遊びを通して身体の発達を促進すること』（Archer and Siraj, 2015a）と一緒に使われることをお勧めします。というのも、この著書では、運動と身体の発達についてのより深い知識を、理論的にも実践的にも提供し、大人と子どもが身体遊びを行っている写真とともに説明がなされているからです。MOVERSは、2～6歳の子どもがいる園を対象としています。

MOVERSの作成経緯

　「体を動かす遊びのための環境の質」評価スケール（MOVERS）の誕生は、2009年にさかのぼります。そのときは、体を動かす遊びのスケール（MPS）という三つの項目からなるスケールであり、アクション・リサーチの一つで使うために考案されました。2011年、MPSの三つの項目は、ロンドン市内の乳幼児施設で、「体を動かす遊び」をめぐる専門性開発のための介入と、乳幼児のための環境や動きの経験の向上との関連に関する小規模な研究で用いられました（Archer and Siraj, 2015b）。研究の時点では、我々は身体経験の質や、乳幼児施設における運動経験や体を動かすのペダゴジーと環境の質について、他の測定方法を知りませんでした。それゆえ我々はMPSをさらに発展させようとしました。

　そこで我々は、スケールを拡張し、新しいMOVERSを開発しました。現在、以下の四つのサブスケールで構成されています。身体の発達のためのカリキュラム、環境、資源／身体の発達のためのペダゴジー／身体活動と批判的思考を支えること／保護者と保育者です。これらは個別に評定される11の項目からなります。

　ECERS–Eのような従来の保育環境評価スケール（ERSs）は、乳幼児施設に、教育実践やカリキュラムが子どもの認知的、知的発達を支えるようにデザインされているかどうか評定するための道具を提供しました。ECERS–Eは、子どもたちの認知的発達と学業的スキルについて敏感です。ECERS–Eは就学前教育の効果的な実践（EPPE）と呼ばれる、影響力の大きい縦断研究で使われましたが、それは効果的な園におけるカリキュラムとそれに関連するペダゴジーの特徴とに焦点を当てたものでした（Sylva et al., 2004）。それらの評定スケールの使用を通し、今では乳幼児教育における子どもの社会情動的・認知的発達への関心が高まっています。

　さらに最近になって、「ともに考え、深めつづけること」と「情緒的な安定・安心」のスケール（SSTEW Scale）（Siraj et al., 2015）が開発されました。これは、子どもと「ともに考え、深めつづけること」（SST）、「情緒的な安定・安心」、確かな関係性の構築、効果的なコミュニケーション、自己統制の側面から、それに関連する教育実践の質を明らかにしたものです。そして今、MOVERSが身体の発達における学びの領域に焦点化してECERS–EやSSTEWを補填し、乳幼児期の質のすべての領域を一つにしました。すなわち、社会的、認知的、身体的な質について、という三つの相互補完的な評価スケールができたのです。三つのスケール（ECERS-E、SSTEW、MOVERS）が合わさることで、ECEC施設に乳幼児期の学びの領域に関連した質を測るための包括的なスケールが提供されます。

なお、それらが相互に関連していることは調査から明らかにされています（Bowman et al., 2000）。

　身体の発達は、国際的にカリキュラムの鍵となる要素であり（例えばオーストラリア、カナダ、アメリカ合衆国、イギリス）、多くの国の指導要領文書や枠組みにおいて、カリキュラムの一部となっています。「運動」「身体活動」「体を動かす遊び」などのように、子どもの身体の発達を表すのに用いられる用語はたくさんあります。

　我々の以前の著書（Archer and Siraj, 2015a and 2015b）とMOVERSでは、「体を動かす遊び」という用語を使っていますが、それは身体の発達以上のものであり、身体の発達を妨げるものでもありません。運動は、子どもが身体と脳をつなげる一連の重要な運動のパターンを経験することであり、例えば、腹ばい、はいはい、転がり回ること、走ること、転がり落ちること、ジャンプすること、バランスを取ること、回ること、揺れること、押すこと、引っ張ること、そして逆上がりをすることなどです。乳幼児にとっての学びは身体に根ざしており、それは特に、身体の経験によって神経システムへの刺激を盛んに行い、脳が発達する人生初期の6〜8年において顕著です（Lamont, 2001）。

　我々の身体の発達の定義は、子どもたちが彼ら自身の身体や自分のできることについて知っていき、能力ある動き手になっていくということです。それによって彼らは環境を探究し、適切な判断をし、様々な身体の状況における自信や創造性が生まれて、生涯を通した動き手になるのです。これは粗大運動スキルも微細運動スキルも含みます。一方で「身体活動」は、子どもが従事する、身体全体での運動が必要な活動すべてを含むのに使われます。

　脳の発達の視点や、乳幼児の健康やウェルビーイングの視点から、子どもが体を動かす活動に参加することの重要性に関心が高まってきています。これらの視点は新しくありませんが、乳幼児の健康、学び、全体的なウェルビーイング、そして身体の発達にとって重要であることを、政策立案者も認識するようになってきました。それは、5歳以下の子どもたちの肥満、スクリーンタイム、体を動かすことが少ない生活への懸念が高まっているからです。

　さらに、神経学的機能不全や再組織化（Goddard Blythe, 2005; Lamont, 2001）の分野で働く実践者と研究者は、子どもたちが就学時に、バランスや姿勢、運動調整（motor coordination）といった点において身体的に準備が整っているのかについて、ますます懸念を表しています。これらは、子どもたちがフォーマルな教室という場で要求されたときに対処できるよう確かに身につけておくべき、学びのために必要な身体的基盤です。例えば、静かに座って集中する能力、書くときに手と目の動きを調整する能力、読むのに必要な追視スキル、そして微細運動スキルです（Goddard Blythe, 2005）。

　過去10年以上、運動の重要性について学んできたイギリスのいくつかの地方自治体

（London Borough of Camden Early Years Service; London Borough of Tower Hamlets; Oxfordshire; Leicestershire）の保育者が、実践の事後介入に、それらの学びを取り入れてきました。Archer and Siraj（2015a; 2015b）は彼らの調査で、体を動かすという点での専門性開発の介入は、スタッフの子どもたちとの運動へのかかわりの質や、スタッフが子どもたちの動きのレパートリーや言葉を広げることを導くことに、明らかな相違をもたらすことを示しています。この結果から、介入の後、保育者がよりヴィゴツキー的な、インタラクティブ（双方向的）な役割を採用することで、子どもたちとの体を動かす遊びにおいて保育者が子どもとともに能動的な主体になり、それゆえ彼らの発達の最近接領域に働きかけ、それを支えたことが描出されました (Archer and Siraj, 2015b)。もし子どもたちに、健康で自らの最大限の可能性に達するあらゆる機会を持って欲しいのであれば、我々は運動と身体的発達の重要性を過小評価することはできません。MOVERSは保育者がこの領域において、彼らの環境やペダゴジー（教育方法）を向上させる手掛かりになるでしょう。

　MOVERSは乳幼児の身体の発達に関連する（すべての）要素を網羅しています。それは環境、粗大・微細運動スキル、大人のかかわり、学びにおける他の領域との関連——つまり、認知的、社会情動的発達、観察と計画、語彙、「ともに考え深めつづけること」(SST)、好奇心や問題解決——そして保護者の参加といったことを含みます。子どもたちの人生の最初期は、彼らの学びや発達のために重要であり、乳幼児の学びの結果は施設の質に依存します。就学前教育の効果的な実践（EPPE）(Sylva et al., 2004) についての研究は、子どもたちの社会的相互作用、言葉や認知的発達と乳幼児施設の質との間に明らかに関連があることを見出しました。MOVERSは、乳幼児施設の質を向上させるための重要な貢献をし、それゆえ子どもたちの多大な成果に影響を与えるでしょう。

　子どもたちの運動に効果的にかかわるために、実践者は子どもたちの現在の発達と成果、社会情動的行為や身体活動と学びへの応答をよく知っておらねばなりません。実践者はそれぞれの子どもが一人で頑張れるのか、動きの発達を広げるために微妙な介入が必要なのかについて、理解できる必要があります。

　これは、子どもたちが自分であるいは仲間と一緒に、あるいは保育者の支えで何かを試す、という自由を必要とするとき、そのようなことを理解する保育者のために、このスケールでは鋭い観察が必要とされるでしょう。保護者と保育者との連携は、子どもの将来の健康、ウェルビーイング、発達の鍵となるでしょう。

　MOVERSに関連する乳幼児期の発達の五つの領域は：
1 身体的発達：二つの項目がこの領域にかかわります。項目3（粗大運動スキル）と項目4（微細運動スキルを支える体の動き）が当てはまります。
2 コミュニケーションと言葉：二つの項目がこの発達の領域に当てはまります：項目8

（子どもの動きの語彙を支え広げること）と項目9（身体活動を通してコミュニケーションを取り、相互に関わることで、「ともに考え深めつづけること」（SST）を支えること）が当てはまります。

3 自己統制：この領域が当てはまるのは、項目3、4、5（保育者が屋内外で子どもとの運動にかかわること）です。

4 認知的発達：項目3、4、8、9、10（屋内外における子どもの好奇心と問題解決を支える）が当てはまります。

5 社会情動的発達：項目3、4、8、9が当てはまります。

　身体活動に関連した子どもの学びへのレディネスは重要です。それは子どもたちの実年齢に必ずしも合致するものではありません。実年齢は子どもの発達において二次的な要因と見なすべきものです。すべての子どもたちは独自の存在であり、個々に相違を持っています。それは、それぞれの文化、信念、家庭やより広い環境の文脈における期待によって決定づけられています。それにもかかわらず、すべての子どもたちは年齢に関係なく、腹ばい、はいはいや転がるといった初期の動きのパターンに立ち戻る必要があります。なぜならそれらはのちのバランスをとる、歩く、走るといった運動のもとになるからです。乳幼児施設の空間、環境や資源は、子どもの体を動かす活動を支えるよう組織される必要があります。それはいずれ彼らの「心が育ち、脳が複雑化していくこと（'unfolding mind and complex brain'）」（Lamont, 2001）に影響するのです。乳幼児の発達に特に大きな影響を及ぼす幼児期の家庭での学習環境（HLE: Home Learnig Environment）は、このスケールの多くの項目に通じています。

身体の発達と動きについて——理解を深めるために

子どもたちと一緒に、動きに関する言葉を使う

Maude（2008: 251）は、子どもたちが乳幼児期での運動経験を通して徐々に「身体的リテラシー」を習得していくということを提唱しています。彼女は、正確で適切な語彙を子どもたちと一緒に使い、彼らの表現豊かな体を動かす活動を通して語彙を広げるべきだと論じています。例えば、くるくる回る・しゃがむ・滑る・うろうろする・跳ねる・寝転がる・膨らむ・壊れる・押す・ひっくり返る・ひらひらさせる・揺れる・転がるなどの言葉を用いることです（Maude, 2010: 1）。Maudeは「運動を通した語彙の獲得は過小評価できない」と述べています。子どもたちは、幅広い身体的リテラシーを身につけるために、あらゆる価値ある運動の語彙を経験する必要があるのです。これを実現するため、彼ら（子どもたち）には、巧みで正確で創造的な動きを培うような、それに関連する効果的な運動カリキュラムが必要です。その核となるのが教育者の役割なのです。

運動に関連した身体言語の習得には、身体部位の名前のような名詞、寝転ぶ・椅子に座る・立つ・指さすといった動詞、ゆっくりや速くといった形容詞、上へ、下へ、後ろに、上に、下に、といった前置詞が含まれます。多様な文脈における叙述的な単語、方向を示す単語、動きに関する単語を用い、運動を話し言葉へ変換することによって身体的リテラシーが発達しますが、それらは乳幼児期に経験することで子ども自身で使うようになる言葉です（Archer and Siraj, 2015a: 3）。乳幼児が身体的に活発であるとき、それは滑り台を滑る「シューッ」、ブランコに乗る時の「ビュー」、トランポリンを跳ぶときの「ビョン、ビョン」、などの擬音語を伴います。これらの表現豊かな言葉は、しばしば心からのあふれんばかりのもので、子どもたちの身体的に活発な遊びに自然と添えられたものとして歓迎すべきものです。

子どもたちは自分の身体について好奇心旺盛で、手、指、腕、肘、足、膝、足首、つま先、頭、顔、胴、その他の体の部位について話すのが好きです。子どもたちは例えば、マットの端までずっと転がっていったり「スリーピング・バニー」（アメリカやカナダで子どもに大人気な遊び歌）のように横たわったりしてから再びジャンプしたときに、どのくらい高く飛べるかといった、自分の身体ができることについても、踊りを通じて自分を表

現するのと同じくらいに興味を持っています。

　3～6歳児が例えば障害物コースを構想したり、組み立てたり、使ったりしているとき、ほとんどの活動で計画や実験、問題解決が行われており、そこでは動きに関する多くの動詞や前置詞を含む言葉が使われます。例えば「梯子を登って、トンネルを這ってくぐり、滑り台を滑り、板の下で腹ばいで進み、マットの間を転がり、回転コーンの中を回転し、枠で逆さまにぶら下がる」といったことが行われています（Archer and Siraj, 2015a: 59-60）。彼らはどこにそれぞれの道具を置くのかを決めなくてはなりません。例えば、トンネルを枠の上にするのか、梯子と滑り台の間にするのか、マットを滑り台のそば、または回転コーンの前に置くのか、フレームをコースの最初にするのか最後にするのか、というようなことを決める必要があります（同上）。

子どもたちは身体的に活発である必要がある

　子どもたちは動きの姿勢を早くから学びます——赤ちゃんに動き方を教える必要はありません。空間、時間、適切な環境を与えられれば、乳児は懸命に動こうとし、寝返りをうち、腹ばいで動き回り、座り、ハイハイし、やがて立って歩くことを学ぶでしょう。保育者の役割は、乳幼児が動き、身体的に活発になることを励まし誘い出すような環境と機会を提供することです。多くはありませんが何人かの子どもたちは、制限のある生活空間に耐え、オープンスペースや自然環境とは程遠い生活を送っています。ですから、走り、跳び、登るなど、健康で幸福な人間になるために、体を使ってすべきことができることは、子どもたちにとっての贈り物です。乳幼児施設で働く保育者は、子どもの全身を使った活発な身体遊びに対して肯定的な考えをもつことが重要です。

　子どもたちはまず、体を通して学び、体験したことを、思考や感情、身体的振る舞いを統制するために用いる情報へと変換する方法を理解していきます（Blair and Diamond, 2008）。彼らには、身体的に活発で、ワクワクした気持ちでいられる時間が必要です。なぜなら動きは子どもたちの最初の言語であるからです（Goddard Blythe, 2005）。子どもたちが身体的に活発であるとき、彼らは体について、また自分の体で何ができるかを学び、どのように他者と社会的にうまくやっていくかを決め、遊びにおける社会的ルールを考え出し、遊ぶときにわき起こる情緒を感情として習得し、そして言葉を通して情緒、行動、思考を制御するための方法を理解していきます。乳幼児の世界では、身体的な遊びの豊かさが、彼らに人生で最高の日々を過ごす機会を与えるのです(Pasch, 2016)。

　例えば、屋外で一緒に遊んでいる子どもたちが、かくれんぼをするためのルールを作っ

ているとします。友だちを探す前に20数え、見つけたら笑いながら何時間でも走り回り、ルールが守られたか破られたかを話し合うことで言葉と議論のスキルを育んでいます。彼らはエネルギーに満ち、身体的に活発で、すっかり息を切らしています。彼らの遊びではルールの交渉をし、体の境界などの範囲を定め、隠れ場所を見つけ、計画通りにいかなかった場合に議論し、その理由を理解するために話し合ったりします。幼い時期に、乳児はたとえ目の前にいる人が一時的に見えなくなってもそこに居続けるのだということを理解し始めると、「いないいないばあ」のような隠れ遊びを楽しみます。言い換えれば、乳幼児が伝統的な遊びをするときには大きな学びが起こっているのです。子どもたちは問題解決を学ぶにつれて、コミュニケーション、感情、情動の世界に入り、良い隠れ場所を見つける際に想像力を用い、狭い場所に入り込む際にバランス感覚や機敏さや調整力を発達させ、他者とかかわる際に社会的スキルを発達させ、対立を解決する方法を習得し、順番に行い、チームで効果的に動くための方法を決めます。

　子どもたちが身体的に活発であることは、極めて重要です。なぜなら、運動してスタミナがつくこと、筋力が向上すること、遊び学ぶときによい感情になることは、彼らの健康やウェルビーイングに寄与するためです。

　あなたの施設では、運動や身体活動はどのように見られるでしょうか？　子どもたちは自分のゴーカートやそりを作ったりしているでしょうか、あるいは既製品でしょうか？　子どもたちは屋外で自由に走り回り、活発に過ごせているでしょうか、一緒にゲーム遊びを考案し、環境を創造的にその場に応じて作り出して使っているでしょうか？　Ofsted（教育監査機関）の監査者が観察した、イギリスのあるチルドレンズ・センターの子どもたちは、屋外のシンクの中で水遊びをしていました。彼らは最初、いろんな容器にシンクの水を入れていましたが、その後、靴と靴下を脱いで、流し（外にある水道のある場所）に立ち、片足ずつ上げてはつま先から水が流れ落ちるのを楽しみはじめました（Barker, 2016）。近くにいた保育者は、子どもたちが怪我をしないように、つま先が蛇口にぶつからないようにしてね、とこの遊びを安全に行うためのヒントを与えました。保育者は観察し、危険と安全のレベルを判断したのです：子どもたちは危険をおかしていることを自覚していましたが、同時に自分たちでもリスクを判断してもいたのです。保育者は子どもに無謀なことはさせませんでしたが、そばにいて物事を試させていました（Barker, 2016）。

　乳幼児が多くの異なる方法を用いて身体的に活発な経験をすればするほど、彼らはより自信を持つようになります。乳幼児施設の役割は、乳幼児が自らの身体遊びを資源や設備によって生み出したり、彼ら自身のゲーム遊びを作り出したりすることが可能な環境を提

供することです。熟練した経験豊富な保育者は、子どもたちが屋外で裸足になって走り回ったり、遊具に逆さにぶら下がったり、高いところから飛び降りたり、ブランコで高く揺れたり、倒れるまでくるくる回ったりすること、またエネルギッシュで活発であることを、自信を持ってさせていますが、同時に子どもたちを落ち着かせるべき時もわかっています。子どもたちを落ち着かせることは、彼らのウェルビーイングや健康に不可欠であり、彼らの運動経験の一部に含むべきです（Archer and Siraj, 2015a: 51）。就学前期や小学校の子どもたちは、箱の中で休んだり、バランスボールに寝転がって大人に揺らしてもらったり、テント小屋や隠れ家、ハンモックに座ったり、あるいは木の枝に他の人と座ったりして、静けさの中で、静かに落ち着いた状態になる必要があります。それが子どもたちの、つながっているという感覚に影響するためです（Archer and Siraj, 2015a）。

　屋内環境には、理想的には、身体的に活発であるように使える空間がなければなりません。その空間は、子どもたちが腹ばいになったり、四つ這いになったり、転げ回ったり、いろいろな方法で回ったり動いたりダンスしたりしたくなるような道具や遊具でつくられているのが望ましいです。そうすることで、子どもたちは屋内外における自信や有能感を持った有能な動き手になります。

　保育者の役割は、子どもたちを身体的遊びに誘い、いつ援助していつ身を引くのかを知り、遊びのなかで子ども間に不一致や問題が生じたときに介入することです。それにより、子どもたちはどのような振る舞いが受け入れられるのかそうでないのか、そして他の人にしていいこととそうでないことを学びます。子どもたちは良い社会的スキルを取り出し、遊びの中で人生の山や谷を経験する中でレジリエンス（可塑性、柔軟性）をつけていきます（Barker, 2016）。乳幼児期の教育者が子どもの身体活動遊びについての能力や知識を発展させていくにつれ、教育者たちは良い振る舞いを促すことや良い社会的スキルを教えることと同様に、子どもたちが必要なことをしてリスクを冒すのを許容することにも自信を感じるようになります。力強い保育者のチームは、屋内外のすべての子どもたちに責任を持ちます。彼らはまた、子どもに自分たちで物事を発見し好奇心旺盛であるという自由を保障します。そうすることで子どもたちは、必要な時はいつでも保育者がいるということを知りながら、安心して探索したり問題を解決したりすることができるのです（Barker, 2016）。

　身体活動は乳幼児の健康、ウェルビーイング、発達を向上させるための基礎的な手段です（WHO, 2010）。しかしながら多くの子どもたちにとって、身体活動は動かない活動に取って代わられており、食事傾向の変化も相まって、彼らの健康に重大な影響をもたらし

ています。肥満や体重過多の乳幼児の増加が世界的に報告されており、健康上よくない結果をもたらしています（WHO, 2013）。この最も幼い子どもたちの間での深刻な健康状況に対して、世界保健機関からは、動かない活動を減らして身体活動を増やすことが提言されています。身体活動と健康についての科学の進歩と、オーストラリアの乳幼児のガイドラインや多様な専門家の意見を参考に、イギリスの4名の主席医務官（DH, 2011）は乳幼児のためのガイドラインを作りました。5歳以下の子どもたちが彼らの報告書に含まれたのは初めてのことです。その報告書では、誕生時から床での遊びや水による活動など身体活動が推奨されること、独力で歩ける幼児が定期的に身体活動に参加すること、そして1日に3時間以上は身体的に活発であることを助言しています（同書：20）。WHO（2010）による5〜17歳の子どもの健康のための身体活動に関する国際勧告では、子どもたちが1日に60分以上の「中強度」から「高強度」までの運動強度の身体活動を毎日行うこと、としています。

　乳幼児の持続的な機械の使用が増加しています。DVDやテレビを見ること、テレビゲームをすること、iPadやパソコン、スマートフォンを使うことなど、すべて非活動的な時間の増加につながっています。子どもたちがこれらの機器を夜に使うと刺激を受け、覚醒し、眠りにつきにくくなります。我々はスクリーンタイムに反対するわけではありませんが、それは子どもたちに必要な睡眠時間、質の良い睡眠をとるために、最小限にする必要があります。これは子どもたちの身体が正常に機能する力、心の状態、そしてめいっぱい身体活動を行う力に影響するでしょう。乳幼児の身体遊びや現実の関係性の世界は、急激にバーチャルなコミュニケーションや娯楽に取って代わられています。我々がもし現実をバーチャルな経験で代用し続けていけば、「他者のニーズを理解したり適応したりすることができない人々からなる世代を育てるという危険を冒すことになります」（Goddard Blythe, 2011）。

　身体活動は子どもの健康に対する数多くの効果があります。例えば筋力や骨強度、健康で生き生きと生活できることと体力向上、睡眠の質の向上、そして健康的な体重維持です（DH, 2011）。それゆえ、スクリーンタイムを減らし、動かない活動を最小限にすることで、子どもたちの栄養状態、身体的認知的活動レベルを上げ、そして睡眠の量と質を改善することが目指されています。

　今日の乳幼児は、彼らの脳が必要としているほどには遊びを得ていない可能性がある、と神経学者のパンクセップ（2010）は述べます。彼が述べるには、身体遊びはしばしば悪い行動と考えられ、ADHDと誤認され、遊びを減らし子どもの遊びたいという欲求を

取り去るような薬物治療を伴うことさえあります。子どもが安全に遊ぶことや自らの遊び
を発展させることができるような環境を持つことは、絶対に必要です。遊びは子どもたち
の脳に良いのです。彼は子どもが毎日何時間か取っ組み合い遊びをすることを提案してい
ます。子どもたちが一緒に取っ組み合いをするにつれて、子どもたちは相手の表情を読む
ことや、何が受け入れられる行動なのかそうでないのかをつかむことや、対立を解決する
にはどうしたらいいのかを理解することを学びます。身体遊びは楽しいものであり、子ど
もが楽しさ、笑い、喜びを遊びやゲームで経験することは重要です。そのような遊びや笑
いは、社会的つながり、ルールの理解、言語発達、そしてそのような社会的遊びを開始し
維持する際の触覚器の役割の認識を支える役割を果たします（Panksepp, 1998）。

　子どもたちは人生の始まりの時期において、必要とされているほどには活動的でないよ
うに思われます。それは就学に向けて身体的に準備された状態になるための能力に影響し
ます。子どもたちがより動かない行動を示すようになったことで、子どもたちはバランス
や姿勢、運動調整における問題を経験するようになっています（Goddard Blythe, 2005）。
これらは就学前の時期に保障されるべき、学びのための身体的な基盤です。これらの基盤
があることで子どもたちは、よりフォーマルな教室に入ったときにじっと座り、集中し、
書くときに手と目を協同し、読むのに必要な目の動きをコントロールすることができるの
です。我々の小規模な研究（Archer and Siraj, 2015b）では、保育者の間で、身体の発達に
ついての意識や理解に欠けており、それが含まれるような活動が足りていないことを見出
しました。この理由から、すべての乳幼児保育の保育者において、動きや身体活動を通し
た身体の発達についての研修は必須です。

　2歳児は遊びへの強い欲求を持っており、それらは強くなっていきます。そして6歳頃
までに、もし身体遊びの機会をたくさん与えられたら、大脳皮質抑制性が発達し、子ども
たちは小学校の教室で静かに座ることができるでしょう。子どもたちの行動についてのこ
れらの変化は、今日の教室で明らかに見られ、すべての子どもが神経運動の発達点で就学
準備が整っているわけではないことが見て取れます。研究では、早期の動きと子どもの学
びや発達との間の関連があることを、我々に繰り返し示しています（Goddard Blythe,
2005; Hannaford, 1995; Jensen, 2005; Lamont, 2001; Macintyre and McVitty, 2004）。神経科学
者たちは、学習、記憶、認知のために重要な脳の部位におけるトレーニングに効果がある
ことを示してきました (O'Callaghan et al., 2007; Van Praag, 2009)。乳幼児が動き、考え、
かかわり、話し、歩き、学び、感じ、何かを記憶するたびに、脳の神経連鎖が刺激されま
す（Archer and Siraj, 2015a）。発達運動セラピストであるレイモント（2001）は、子どもた
ちが特定の動作パターン、例えば腹ばいになる、はいはいをする、あるいは他の活動を繰

り返すとき、視覚運動スキル、読むときの追視スキル、バランス、自己制御などといったことが著しく向上していることを見出しました。子どもたちが反射や早期の動作のパターンに基づく定期的な身体活動プログラムに参加すると、読み書きのスキルの向上が見られました（Goddard Blythe, 2005）。子どもたちが最大限に発達するすべての機会を与えるために、保育者は簡単な、費用対効果の大きい解決方法を実施することができます。それは、すべての子どもたちに動きや身体活動の機会を保障することによってです。保育者は、子どもたちの開かれ育ちゆく精神と複雑な脳の発達を支えるために、最大限可能な環境を、園および小学校の早期において作り出す必要があります（Lamont, 2001）。

　オーストラリア、カナダ、アメリカ、イギリスにおける衛生当局の間での一般的な合意は、乳幼児期が「座って行う活動、身体活動の行動の確立における臨界期の一つの時期」ということです（Reilly et al., 2006:5）。それゆえ、すべての乳幼児にかかわる仕事をしている者や保護者にとって、子どもたちが健康で幸せな人間に育つために不可欠な、身体活動レベルの変化をもたらすことは、責務なのです。MOVERSと我々の著書「体を動かす遊びを通して身体の発達を促進すること」（2015a）はいずれも、身体活動、栄養、睡眠、座って行う活動についてのガイドラインの普及と実施を目指しています。

　イギリスでは、政府は2017年初期にEarly Years Foundation Stage Framework（乳幼児期の基盤的な段階の枠組み）を更新予定で、特にイギリスの厚生省による、乳幼児期における身体活動のガイドラインが引用されています。

誕生から6、7歳までの子どもの、いくつかの早期の運動パターンにより育まれるもの

体と脳は密接に結びついているので、子どもが動いて身体的に活発であるほど、神経システムは刺激され、それが脳の発達に影響を与えます。

床は、乳幼児にとって重要な活動場所である	背中遊び： ・体の重みを感じる ・腕と足が同時に動く ・股関節を開く	・肩を開く ・頭を自由に左右に動かし、床から持ち上げられる ・眼球運動の幅と深度
腹這い（タミータイム）： ・視線追跡 ・頭蓋骨が丸く整う ・視線をまっすぐに定める ・土踏まずのアーチが強化される ・頭部や腰部の回転、首の安定性、首の強化 ・トイレットトレーニングを助ける ・初めて自己決定をした動き ・脳幹の発達と生存を確実にするための機能：痛覚、温覚、冷覚、空腹感	四つ這い： ・垂直な視線追跡、視覚収斂、目と手の協応動作 ・肩と股関節をさらに回転し、身体の軸がまっすぐになる ・手がより自由に開く ・床から離れてバランスをとる―バランスの基本を形成する ・相同、同じ側、反対側という感覚を持つ ・脳梁の発達を支える―脳の半球間での情報を伝達する主な経路 ・脳の半球間の連結が、想起、分岐、精査、配列をサポートする。連結がないと、左右の区別が難しかったり、文字や数字が反転したりして、学習や記憶に問題を起こす	・脳の発達、自己と世界との橋渡しをすること、そして関係を作ることと関連するようである ・前庭系や固有受容感覚と視覚システムがつながって初めて一緒に機能し始めることを可能にする。この統合を助ければ、バランス感覚、空間や距離の認知が十分に発達しないだろう

前庭システム：バランスはすべての機能の核である	固有受容システムは筋肉と腱につながっていて、身体の位置や動きに関する情報を与える
●回転、落下、揺れ、逆さにぶら下がることは、子どもが自身の前庭システムとバランスカニズムを確立するのに役立つ ●すべての感覚は、どこよりも先に前庭システムを通過する。子どもの視覚、聴覚、触覚は前庭システムが機能しているときのみ、正常に動く ●体が回転すると、目は追視、収斂、そして異なる視界の距離に対応するスキルを発達させるのに懸命に動く	活動： ●腹ばい ●戦いごっこ ●リュックを背負う ●手と腕で重みに耐える ●ジャンプ ●掘る ●登る ●取っ組み合い遊び ●野菜を噛み砕く ●手と腕でぶら下がる ●丘を登る ●歩く ●押す、引く ●泳ぐ 固有受容覚の乏しい兆候：姿勢が悪い、貧乏ゆすり、もたれかかりたい、感覚入力時の困難を引き起こす、視覚障がい、体の一部がどこにあるか無自覚

Bette Lamont と Sally Goddard Blythe がこの仕事について広範囲にわたり書いています：上記の情報は彼らの著作と教授によるものです。

乳幼児のための健康な食事

　我々のスケールは栄養についてのものではありませんが、食事の効果を身体の発達や身体活動と切り分けることは難しいです。そこで我々は、このテーマについて保育者に注意喚起し、より多く考えてもらい、より良い指導をするため、本節を執筆することにしました。身体活動の減少、動きの少ない活動の増加、そして不健康な食事は、体重過剰や肥満の子どもの未曾有の増加につながっています。WHO は 2006 年の報告で、肥満が子どもの健康、学業達成、生活の質に影響を与えることを伝え、注意喚起しました。肥満は心疾患や糖尿病 2 種の発症促進や胃腸、筋骨格、整形外科の病気の直接的な原因として見られてきました（同書：7）。肥満はまた乳幼児のウェルビーイングに影響し、行為や感情の困難につながり、そして不名誉に感じ、学業達成の減少につながります。肥満の子どもは大人になっても肥満のままである傾向があり、いずれ慢性疾患になるリスクがあります。

　乳幼児期は健康な飲食を促進するための包括的なプログラムの提供を通して、この状況に対処する重要な時期です（同書）。この節では、本書で概要を説明した、じっとする活動を減らして身体活動を促進する包括的なプログラムを補うような、適切な栄養に関する情報へのガイドを提供します。WHO（同書：x）では、乳幼児期の施設において身体活動が*毎日*のルーティンやカリキュラムに確実に組み入れられるべきであることを推奨しています。
　以下の情報はカムデン郡ロンドン自治区の健康向上チームのスタッフである、マイク・モルトレーク（チームリーダー）・レイヒェル・イステッド（健康向上チーム実践者）・タニア・ザイドナー（健康な人生を送るための小さなステップである健康な食事のためのアドバイザー）により提供されました。

　乳幼児のための飲み物、食べ物、献立についての助言には、子どもの食事受託団体（Children's Food Trust）を参照のこと：イギリスにおける乳幼児施設のための任意の飲食ガイドライン——実践ガイド（www.childrensfoodtrust.org.uk/childrens-food-trust/ early-years/ ey-resources/）

　以下のリストは、施設の子どもがポジティブな飲食の経験を楽しむことを通して、健康な食事を楽しみ続けられるようにし、将来の健康とウェルビーイングに寄与するためのガイドです。
- 乳幼児施設の食事方針が実施され、そのガイドラインが、子どもの食事受託団体のガイドラインに沿っていること。

- 食事にかかわるスタッフがイギリスの食事衛生法認定のレベル1以上の資格満たしていること。
- 食事の時間は大人が子どもたちと座るスペースがあり、楽しく、社会的相互作用の経験があること。1歳からの子どもたちは家庭料理を食べること。昼食で子どもたちと座るとき、大人は子どもたちが固形物を食べるなら同じものを食べること。子どもたちは自分で食べるよう促されること。
- 施設は適切なサイズのテーブルと椅子、食具、食器を使うこと（上記リンクの子どもの食事受託団体ガイドラインを参照）。
- 施設や保護者から子どもたちにどのような食事が与えられるとしても、おやつやお祝いの食事は、ガイドラインに沿っていること。
- 保育者は子どもたちが施設で何を食べたかについて、保護者、祖父母に知らせること。
- 食事は報酬や罰に使われてはならない。
- 施設は健康的なお弁当に何を入れるかについて、保護者のためのワークショップを開くべきである（上記リンクの子どもの食事受託団体ガイドラインを参照）。
- 6ヶ月から、子どもたちは吸うかたちのボトルではなくシッピーカップ★が必要である。それが、彼らが吸うのではなくすることを助長し、歯や話すことの発達をよりよくする。これらのシッピーカップには水、母乳または粉ミルクだけを入れること。
- 施設は、すべての食事に関する要求を満たすこと（上記リンクの子どもの食事受託団体ガイドラインを参照）。
- 子どもたちが健康な食事について学ぶ機会を与えられること。
- 実際の調理の活動を通して、子どもたちが感覚を使う機会を提供すること。
- 施設で作られる多くの料理は、風味の良いものであること。
- 子どもたちは、自らの感覚を使って、食べ物に親しみ、見て、匂いを嗅ぎ、触り、口にとり味わうことで食べ物に親しむこと。
- 理想的には、子どもたちが施設で食べる食材をいくつか育てると良い。
- 子どもたちは食事の準備にかかわるべきである：収穫する、洗う、切る、わけるなど。
- 偏食する子どもを、よく食べるように励ますこと（上記リンクの食事受託団体ガイドラインを参照）。
- 子どもが自分で水を取りに行けること。そうすれば一日の中で欲しいときや必要なときに自分で飲むことができる。子どもたちのコップは子ども一人ひとりに見えやすくわかりやすく、また自分で取れることが必要だ。子どもによっては水を飲むことを思い出させることが必要であろう。

★ シッピーカップとは、蓋と飲み口のついたカップで、哺乳瓶を卒業した幼児が手に持って液体を飲むために用いる。

- 理想的には、献立は1週間前までに計画されているのが良い。献立は親にも見えるようにする。そうすれば家での食事を計画することができる。施設の献立は、食感、味、匂い、外見を考慮されるべきである。

睡　　眠

　睡眠は子ども期において生活の鍵となる要素であり、子どもたちの発達やウェルビーイングに影響します。研究では、子ども時代における睡眠不足が、肥満など健康への幅広い負の結果や、学業達成の低下、情動面・行動面での問題と関連していることが示されています。他の研究では、特定の習慣を促進すること、特に睡眠時間を増やしてテレビ視聴時間を減らすことが、肥満指数を減らすための効果的なアプローチであることが示されています。適切な睡眠時間は人生を通じて変化し、年齢に伴って減少します。アメリカの国家睡眠機関（National Sleep Foundation）によると、3～5歳児の推奨睡眠時間は一日に10～13時間です。

　睡眠継続時間以外にも、睡眠の質やタイミングは子どもが適切な休息を確かに得られるために重要な要因です。乳幼児肥満防止政策（Early Childhood Obesity Prevention Policies）（Birch et al., 2011）は、十分に休める睡眠を確かにするために、保育者は、昼寝において、音や光のレベルが低く部屋に映像機材のない適切な状態を作ることが必要であることを示しました。加えて、乳幼児施設は子どもの睡眠の自己制御を支えるような、睡眠を導く行動や習慣を促進するべきです。しかしながら、年齢ごとの必要性に応じた子ども個人の睡眠欲求（ACECQA, 2014）に見合うよう、ルーティンや環境を柔軟にすべきだということも提案されています。

MOVERSを使用する前の準備

　保育者の専門性開発や保育実践の改善のためにMOVERSをご使用いただく前には、MOVERSの研修に参加いただくことを強くお勧めします。研究の目的でご使用いただく場合は、必ず研修を受けなくてはいけません。他の環境評価スケールの研修に参加したことがある方も、MOVERSの概念の多くは新しいものです。本スケールを使用するためには、スケールの内容だけでなく、観察した内容の意味についても、しっかりと理解していなくてはなりません。スケールの内容に加えて、保育現場にあるあらゆる資料——例えば、子どもたちの学びを支え評価するために一般的に使用されている保育計画や保育日誌など——についても理解する必要があります。評価者は、自分の理解を補うために、保育者に適宜質問をする必要も出てくるかもしれません。そのためには、インタビューのスキルについて自信を持っていなくてはなりませんし、重要な情報を得るために、判断を下すという態度ではなく、保育者に敬意を払い、感性豊かな質問をする必要があります。これらの理由から、MOVERSを用いる評価者は、保育実践、様々な文化に対する配慮、そして子どもの発達について、しっかりとした基礎知識を持っていることが重要となります。

＊（アスタリスク）はそれぞれの項目の中のいくつかの指標の横につけてあります。これは、助けになる補足的な情報があることを示しています。項目の下で、例やより詳しい説明を補い、指標の理解を助けています。MOVERSを使う前に、それぞれのスケールの中の項目とすべての補足情報を読んでください。

◆はじめる前のガイド【重要】

1　基本的に、MOVERSは1回のセッション（午前中もしくは午後の3〜4時間）ですべて記入します。1回に、ひとつのグループのみを観察します。屋内・屋外を含め、そのグループの子どもたちが保育環境内で行き来することのできるすべての場所で観察を行います。他のグループを観察したい場合は、別のセッションとして観察を行います。

2　保育施設における全体的な質評価のために、MOVERSは他の環境評価スケールと並行して用いることをお勧めします。3歳児から5歳児を観察する場合はECERS–EとSSTEWを、2歳児を観察する場合はITERS-RとSSTEWを使用します。上記に加えて、さらに3〜4時間、もしくはそれ以上の時間を確保する必要があるでしょう。観察後には、時に保育勤務時間外の保育者と話をする時間も必要となりますし、関連する資料を見て、さらに保育者に質問するという時間も必要となります。

3　観察を始める前に、保育環境についてその背景情報を集め、その場に自分自身が慣れるようにしましょう。観察する時間内の保育計画に目を通しておくことで、どのような活動がはじまるかを知っておくことができます。

4　また、観察を始める前に記入できるところは、あらかじめ記入しておきましょう。観察する保育者や子どもたちの名前、年齢などです。また、保育者が誰か、観察日がいつもと変わらない日なのかも確認しておきましょう。

5　最後に、次の「判断のポイント」を熟知しているかを確認しましょう。

◆判断のポイント

◉ポジティブな行動・応答・かかわりについての判断

例：

【サブスケール1】身体の発達のためのカリキュラム、環境、道具や遊具
項目4　微細運動スキルを支える身体の動き
7.1　保育者は、屋内・屋外での多様な微細運動スキルの活動を用意し、定期的に変化を加えながら子どもたちの関心を保っている。保育者は、すべての子どもたちがそれらにかかわる機会もてるようにしている。 7.2　保育者は、子どもたち一人ひとりの微細運動の発達を踏まえて計画し、さらに向上させるように実践している。保育者は、それぞれの子どもの微細運動スキルを発達させるために、難易度の異なる活動を計画し、実施している。

　1回の観察中に最低1回、上記のような保育者の行動・応答・かかわりが観察された場合に、これらの項目について「はい」を選びます。多様な活動について知るため、保育計画や、その活動が屋内と屋外のどちらで行われるかについても見ておく必要があります。その情報によって、その出来事が日常的なことなのか、そしてすべての子どもたちがそのような経験をする可能性があるのかを判断します。

　その際、どの保育者のかかわりが観察されたのかについても記しておくことが必要です。そうすることで、誰が該当するスキルを持っているのかを確かめられるようにするためです。一人か二人の保育者のみが上記の項目に当てはまる場合は、他の保育者たちも同じように、子どもたち全員とかかわれるようになっているか、それが毎日可能なのかについて判断する必要があります。

　この判断には、ある保育者が他の保育者よりも、子どもたちの学びや発達をよく支えているという事実の認識だけでなく、保育施設全体について、また、そこでのすべての子どもたちの経験についての考慮も含まれます。他の類似した多くの環境評価スケール同様、すべての保育者が同じように子どもたちの学びと発達を支えることができなくても、保育施設全体としては高いスコアを得ることもありえます。

●ネガティブな行動・応答・かかわりについての判断

例：

【サブスケール2】身体の発達のためのペダゴジー
項目5　保育者が屋内・屋外での子どもたちの運動にかかわること
1.1　保育者が子どもたちの身体活動にめったにかかわっていない。 1.2　保育者は、子どもたちの身体活動を広げたりコメントしたりすることはない。

　このように、判断基準は明瞭です。子どもに対する、あるいは他の保育者に対するネガティブな保育者の行動、応答、かかわりが一度でも観察されれば、「はい」を選びます。評定を続けることはできません。他の類似の環境評価スケールでも、同様に判断します。

◆観察の手順

1 　必ず、根拠ある評定をすることができるだけの十分な時間、観察を行ってから、評定
　　をするようにしてください。その際、保育実践のポジティブな部分について判断する
　　場合は、保育者がすべての子どもたちと日常的にそのようにかかわることができてい
　　るかが重要なポイントです。あなたが観察している場面が、その保育施設の実践全体
　　を象徴するものであることが大事です。

2 　各項目は、はじめから順番に評定する必要はありません。問題解決、微細運動活動や、
　　子どもたちの運動への大人の参加など、運動活動の特徴に応じて、それに関連する項
　　目の評定をします。観察した場面についてメモを取り、観察終了後、帰宅する前に、
　　すべての評定をするのがよいでしょう。

3 　項目の中には、例えばレベル7など、3歳以下の子どもたちを評定するには不適切な
　　ものがあります。それらの項目には、隣に「評定なし」の欄が加えられています。も
　　し観察している子どもたちが2歳児のみの場合は、補足情報を考慮し、必要に応じて
　　「評定なし」にチェックを入れます。

4 　保育実践を妨害したり、邪魔したりしないように注意します。"fly on the wall"（人に
　　気付かれずに観察する人の意）つまり、非参与観察者の役割に徹し、できるだけ保育
　　者や子どもたちとかかわらないようにします。子どもたちを動揺させたり、長く話し
　　すぎたりしないように、関心を示してくる子どもたちにどのように応えるか、あらか
　　じめ考えておくとよいかもしれません。できるかぎり中立に、目立たないようにしま
　　しょう。

5 　評定を行う際、わかりやすい、詳細なメモを取ることを忘れないようにしましょう。
　　評定の理由を明確にしたり、フィードバックをしたりする際に役立ちます。

6 　保育施設を去る前に、すべての項目の評定をしたか確認します。一度その場を離れる
　　と、評定をするのは難しくなります。感謝の気持ちを伝えることも忘れないようにし
　　ましょう。

7 　本書末尾にあるスコアシートをコピーし、観察の際に使用します。コピーは私的使用
　　の場合のみ認められます。評価者は、他の人から借りたりせず、自分のMOVERSの
　　冊子を持つようにしてください。

◆評定の手順

注意: MOVERSを使用する前に、スケールについて熟知し、「はじめる前のガイド【重要】」を必ず読んでください。評定をする前に、項目につけられたアスタリスクの補足メモも読んでください。そこには評定に影響する重要な情報が含まれています。また、判断の参考にするために、観察ではメモを取ってください。

1　保育者から聞いた話ではなく、観察した保育実践に基づき、スコアの評定をします。

2　指標のうちいくつかには、判断の助けとなるよう「補足と例」が書かれています。**指標の最後に＊（アスタリスク）があるものには、「補足と例」がありますので、ご覧ください。**保育実践の具体的な様子、あなたから保育者への質問の例、さらなる資料や録音記録、保育計画等の確認が必要な場合等について書かれています。

3　MOVERSのスコアは1から7まであり、1は〈不適切〉、3は〈最低限〉、5は〈よい〉、7は〈とてもよい〉です。

4　レベル1から評定をはじめ、レベル3、レベル5、レベル7と順に評定をしていきます。

5　レベル1の指標のうち、ひとつでも「はい」を選んだ場合は、全体のスコアは「1」となります。

6　レベル1の指標すべてで「いいえ」を選び、レベル3の指標のすべてではないが半分以上で「はい」を選んだ場合は、全体のスコアは「2」となります。

7　レベル1の指標すべてで「いいえ」を選び、レベル3の指標すべてで「はい」を選んだ場合は、全体のスコアは「3」となります。

8　レベル1の指標すべてで「いいえ」を選び、レベル3の指標のすべてで「はい」を選び、レベル5の指標のすべてではないが半分以上で「はい」を選んだ場合は、全体のスコアは「4」となります。

9　レベル1の指標すべてで「いいえ」を選び、レベル3の指標のすべてで「はい」を選

び、レベル5の指標のすべてで「はい」を選んだ場合は、全体のスコアは「5」となります。

10　レベル1の指標すべてで「いいえ」を選び、レベル3の指標のすべてで「はい」を選び、レベル5の指標のすべてで「はい」を選び、レベル7の指標のすべてではないが半分以上で「はい」を選んだ場合は、全体のスコアは「6」となります。

11　レベル1の指標すべてで「いいえ」を選び、レベル3の指標のすべてで「はい」を選び、レベル5の指標のすべてで「はい」を選び、レベル7の指標のすべてで「はい」を選んだ場合は、全体のスコアは「7」となります。

12　サブスケールの平均（average）スコアを算出するためには、サブスケールに含まれる各項目のスコアを足し、項目数で割ります。

13　MOVERS全体の平均（mean）スコアを算出するためには、全項目のスコアを足し、全項目数（11）で割ります。

●MOVERSのスコアシート・プロフィール・信頼性確認シート

◆「スコアシート」（事前記入用と観察直後記入用）

　巻末（66 〜 71ページ）にあるスコアシートをコピーしてご使用いただけます。スコアシートを見比べることで、それぞれのスコアの解釈がしやすくなります。

◆「プロフィール」（スコア一覧まとめ用シート、複数回／複数名の評価比較用）

　MOVERSプロフィール（72ページ）：スコアシートの結果を視覚的に把握しやすいよう、一覧にします。スコアを一覧にまとめることで、実践の良いところや改善できるところなど、実践のパターンが見えやすくなります。このMOVERSのプロフィールでは、3回分の観察について記入していただけます。これは同じ観察場面についての複数名の評価者間のスコアを比較する、あるいは、同じ評価者による複数回の観察についてスコアを比較することができます。グラフ上に、3人分のスコアを異なる色（あるいは同じ色でも異なる形など）で記入すると、時間を経ての進歩（異なる時期に観察がなされた場合）や、異なる評定（異なる評価者によってなされた場合）が見えやすくなります。

◆「評価者間の信頼性確認シート」（共同観察用）

　評価者間の信頼性確認シート（73ページ）：異なる評価者の間で話し合い、最終的なスコアを決めるためのシートです。同じ施設で複数の評価者がスコアをつける場合（例えば、本スケールを使用するための研修や、実際に複数名の評定について信頼性を確認する際）、評価者は観察直後に時間を取り、それぞれのスコアについて話し合いを行い、最終的なスコアを決めます。

　最終的なスコアは、全員の平均をただ出すだけでなく、話し合いによって決めることが望ましいです。評価者はそれぞれに、他の評価者が見落としたかもしれない重要な場面を見て評定をしていることが多くあります。そのため、各評価者がスコアをつけた根拠（観察した場面）について互いに説明し、話し合った上で、最終的なスコアを決めましょう（その場合、最終的なスコアが誰かのスコアと一致することもあるでしょう）。

MOVERS の内容

　本スケールは、発達の特定の側面に関連する四つの領域である「サブスケール」から構成されています。サブスケールは、11個の「項目」で構成されています。さらに、各項目は、保育実践についての記述である「指標」で構成されています。「サブスケール」及び「項目」は、以下の通りです。

【サブスケール1】身体の発達のためのカリキュラム、環境、道具や遊具
- 項目1　身体活動を促すための環境空間を作ること
- 項目2　可動式・固定式の設備・備品を含む道具や遊具を提供すること
- 項目3　粗大運動スキル
- 項目4　微細運動スキルを支える体の動き

【サブスケール2】身体の発達のためのペダゴジー
- 項目5　保育者が屋内・屋外での子どもたちの動きにかかわること
- 項目6　屋内・屋外で子どもたちの身体の発達を観察し評価すること
- 項目7　屋内・屋外における身体の発達のために計画すること

【サブスケール3】身体活動と批判的思考を支えること
- 項目8　子どもたちの動きに関する語彙を支え、広げること
- 項目9　身体活動を通してコミュニケーションをとり、相互にかかわることで「ともに考え、深めつづけること」を支えること
- 項目10　屋内・屋外で子どもたちの好奇心や問題解決能力を支えること

【サブスケール4】保護者と保育者
- 項目11　子どもたちの身体の発達と彼らの学び、発達、健康により育まれるものについて保育者が家庭に伝えること

注：イギリスを含むいくつかの国の主席医務官の助言では、独立歩行ができる子どもたちは1日の間に合計して少なくとも3時間、活発に体を動かすことを推奨しています。

【サブスケール１】身体の発達のためのカリキュラム、環境、道具や遊具

●項目１　身体活動を促すための環境空間を作ること

〈不適切〉	1	1.1	子どもたちが屋内で動けるスペースはほとんどない。机と椅子が部屋を占めている。
		1.2	屋内でのルーティン的な活動が一日の大半を占めており、体を動かす機会が妨げられている。
		1.3	一日の保育が固定的で、子どもたちが屋外で体を動かす活動をすることを制限している。
	2		
〈最低限〉	3	3.1	子どもたちは、ある程度の屋内空間で、発達上ふさわしい方法で体を動かすことができる。保育者は、障がいのある子どもを含むグループ内の大半の子どもたちが屋内の遊び場を簡単に利用できるようにしている。*
		3.2	一日の保育は、子どもたちが一定時間、屋内での体を動かす活動に十分に取り組めるよう、柔軟に計画されている。
		3.3	子どもたちは、毎日屋外の遊び場を利用でき、また屋外にいる間は自由に遊ぶことができる。*
		3.4	子どもたちは、屋内や屋外で一日中、お絵描きスペースや、クレヨン、ペン、鉛筆、絵の具、スポンジなどの適切な素材を利用できる。
	4		
〈よい〉	5	5.1	保育者は、一日のある時間に子どもたちが利用できる十分な床面積を用意し、様々な道具や遊具を利用したり、腹ばいになる、ハイハイする、転がる、踊る、回転するなどの動きの見本を示している。*
		5.2	すべての子どもたちは、一日の大部分で、自由に動くことのできる時間を与えられ、屋外での身体活動の機会を利用することができる。*
		5.3	保育者は、子どもたちがヒーローごっこや、掘る、砂・水・泥でバケツをいっぱいにする、走る、ジャンプするなどの活発に体を動かす遊びに参加するといった、ルーティン的な遊びを用意している。*
		5.4	園に屋外遊び場がない場合や子どもたちが活発に体を動かすには狭すぎる場合には、子どもたちが毎日さまざまな粗大運動ができるように、保育者は子どもを地域の場に連れて行くようにしている。
	6		
〈とてもよい〉	7	7.1	保育者は、子どもたちが科学、お話、歌、言葉遊びなど、他のカリキュラム領域に関連する体を動かす活動にかかわれるよう、屋内の環境を用意している。*
		7.2	保育者は、子どもたちの興味を考慮しながら、算数、科学、自然環境など他のカリキュラム領域を組み込んだ屋外の身体活動を支えている（屋外空間が狭すぎる場合には、園外の空間を利用し支援している）。
		7.3	保育者は、子どもたちが芝生、土、樹皮チップなど様々な屋外の遊び場の地面に触れることができるようにしている。地面はまた平坦な場や起伏のある場など、子どもが転がったり、物を運び上げたり、運び下ろしたりできる丘が含まれている。

体を動かす活動には、子どもたちが仰向けやうつ伏せになること、転がること、腹ばいになること、登ること、ジャンプすること、バランスを取ること、ぶら下がること、走ること、転ぶまで回転すること、逆さまにぶら下がること、スキップすること、押したり引いたりすること、ものを運ぶこと、取っ組み合いの活動をすることを含みます。

3.1　「ある程度の空間」とは、屋内の床面積の約20％が、腹ばいになる、ハイハイする、転がる、回転する、ジャンプする、取っ組み合いながら登るなどの動きができることを意味します。また、その空間は床で行う活動、例えば、共同で絵を描くために大きな紙を使用すること、子どもたちがビルダーズ・トレイ（物を作るのに必要なものが入っている大きなトレイ）や、電車やトラックを作ること、散らかる遊びをすること、創造的なコラージュ活動、ブロックのような遊びにも利用することができなければなりません。

3.3　「屋外で体を動かすことができる」とは、半日保育（例えば、3〜4時間の保育時間）で毎日少なくとも1時間あることを意味し、より長時間の保育ではそれに比例して時間が長くなります。

5.1　「十分な床面積」とは、屋内の床面積の少なくとも30％が体を動かす活動のために利用可能であることを意味しています（3.1も合わせて参照）。

5.2　「一日の大部分」というのは、3時間あたり約45分から1時間の保育時間に相当します。ただし、子どもには気候条件の違いによって適切な衣服の調節と保護が必要です。例えば、大気汚染レベルが高いときなど、極端な気象条件では、子どもたちが屋外に出るべきではないことは明らかです。

5.3　屋外活動での「活発に体を動かす遊び」は、子どもたちの年齢や身体能力によって決まる、様々な行為を意味しています。それゆえ、様々な活動のための空間、例えば、子どもが腹ばいになる空間、転がる空間、回転する空間、登る空間、滑る空間、逆さまにぶら下がる空間、バランスをとる空間、その場でジャンプする空間、設備・備品から飛び降りる空間、揺れる空間、手押し車を押す空間は、さまざまな幅広い能力を考慮に入れて提供されるべきです。子どもたちの活動を信頼するためには、子どもたちが一日の保育の中で十分に遊びに利用できる空間や設備・備品をもつ必要があります（素材や設備・備品に関する提案については項目2を参照）。

7.1　例えば、大きなABCが書かれたタイルを使って言葉を作ったり、番号が書かれたカーペットのタイルに向かってジャンプしたり、「三びきのやぎのがらがらどん」などの物語に身振りを入れて語ったり、「オオカミさん、今何時？」というゲームで遊ぶことが含まれます。カリキュラム領域に適った身体活動に対応するために計画されています。

【サブスケール1】身体の発達のためのカリキュラム、環境、道具や遊具

◉項目2　可動式・固定式の設備・備品を含む道具や遊具を提供すること

〈不適切〉	1	1.1	屋内には、子どもたちが体を動かす活動をするために利用できる道具や遊具がない。*
		1.2	屋外には、子どもたちが体を動かす活動をするために利用できる可動式の道具や遊具がない。*
		1.3	屋外には、子どもたちが体を動かす活動をするために利用できる固定式の道具や遊具がない。*
	2		
〈最低限〉	3	3.1	保育者は、子どもたちが屋内で体を動かす活動をするためにいくつかの道具や遊具を利用できるようにしている。*
		3.2	子どもたちは、粗大運動スキルや身体活動を促す固定式の道具や遊具がある屋外の環境を利用することができる。*
		3.3	子どもたちは、粗大運動スキルや身体活動を促す可動式の道具や遊具がある屋外の環境を利用することができる。*
	4		
〈よい〉	5	5.1	保育者は、子どもたちが屋内で体を動かすための道具や遊具を簡単に利用し、また子どもたちのほとんどがこれらを日常的に利用できるようにしている。*
		5.2	空間と道具・遊具は、乳児や障がいのある子どもにとっても使いやすいように、保育室の中で同等のものとして位置付けられている。*　評定なし、も選択可。（補則参照）
		5.3	保育者は、子どもたちが発達に適した、活発に体を動かす遊びの活動にかかわることができるよう、屋外の道具や遊具の使用を体系化している。*
		5.4	保育者は、道具や遊具、素材の創造的な使い方に注目して、それらの使い方の見本を示し、子どもたちが活発に体を動かすためにそれらをいかに利用できるかという点から、子どもたちの探究を支えている。*
	6		
〈とてもよい〉	7	7.1	保育者は、子どもたちが望み、必要だと感じたときに使用できるように、屋内で気軽に利用できるような様々な道具や遊具を提供している。*
		7.2	保育者は、粗大運動の活動のために屋外の様々な可動式・固定式の道具や遊具を提供して、子どもたちが一人もしくは、仲間たちや大人と身体活動をすることを促している。*
		7.3	保育者は、体を動かす遊び活動のための道具や遊具を用いて、すべての子どもたちのスキルと身体の発達に働きかけ、向上させている。*

注意：*空間、可動式や固定式の道具・遊具の適切性やそれらの状態に関して安全性を確保することは、以下のすべての点に適用されます。屋内・屋外で自由に飛び降りる遊びや、取っ組み合いの活動をする場合には、マットやクッション作用のある地面が必要です。深刻な怪我を招く主な要因が最小限に抑えられるように、遊び場にあるすべての可動式の道具・遊具や固定式の道具・遊具は安全でなければなりません。保育者は、すべての子どもたちが安全であることを保障するために、子どもたちの遊びに参加するか、近くにいる必要があります。いかなる活動も子どもたちの同意を得て行う必要があります。*

　屋外の遊び場は、夏の日陰、風よけ、遊びのための日よけや雨よけなど、晴れた暑い日、雨や雪が降っている時に、環境要因から子どもたちを保護する工夫が必要です。すべての子どもたちは、半日保育のときには毎日少なくとも1時間は屋外で、また、より長時間の場合はそれに比例して長く屋外に出ることが推奨されます。

　体を動かす活動には、子どもたちが仰向けやうつ伏せになること、転がること、腹ばいになること、登ること、ジャンプすること、バランスを取ること、ぶら下がること、走ること、転ぶまで回転すること、逆さまにぶら下がること、スキップすること、押したり引いたりすること、ものを運ぶこと、取っ組み合いの活動をすることを含みます。子どもたちはまた、じっとして静かに過ごせる時間が必要です——例えば、隠れ家の中で座っているとき、木の枝の上にいるとき、地面に寝転んで空を見上げ雲の流れを見ているとき、などです。

1.1　屋内の道具や遊具の一覧については3.1を参照。

1.2、1.3、3.2、3.3
　可動式の道具や遊具とは、例えば、車輪付きおもちゃ、手押し車、クッションマット、上に乗るためのロープ、回転コーン、トンネル、タイヤ、飛び降りたり飛び越えたりできる設備・備品、隠れ家を作ることができる素材、歩いたりバランスをとることができる丸太や板、Aの形をしたフレームやはしごがあります。また、植物に水をあげるための水を入れるトレイ、缶、容器や、バット、ボール、風船、フラフープ、お手玉などの遊具も含まれています。

　固定式の道具や遊具とは、例えば、登ることができる壁、滑り台、雲梯、砂場、水をいっぱいに溜めることができる天水桶や、パイプなどがあります。また、自然環境の中にある、登れる木、丘、斜面や、段々などを子どもたちが利用できることもまた含まれています。

3.1　「いくつかの道具や遊具」とは、以下のリストから、子どもたちが屋内で利用できる、少なくとも3つの異なる種類の道具・遊具があることを意味しています。
- 定められた遊び場にあるソフトマット、ソフト積木、小さな柔らかいボール、大きなボディーボール、ポリウレタン素材のもの、シフォンのスカーフ、トンネル、

クッションマット、カーニバルスティック、リボンスティック、底の浅い回転コーン、滑り台・階段・トンネル付の複合型遊具、段ボール箱、防寒シート、バランスをとる遊具、様々なサイズのカバー付きゴムひも、床に印をつけるための大きなプラスチック製のサークルやプラスチック製の足型

5.1 「日常的に」とは少なくとも週に2回を意味します。

5.2 評価をする際、障がいのある子どもたちが通園している場合にのみ、この項目は適用されます。しかし、この規定が必要な新しい子どもたちが施設にやってきた場合は、標準的な方法でスコアをつけます。

5.3 以下の素材や設備・備品の種類が、子どもたちが屋外で「活発に体を動かす遊び」にかかわることを可能にするための例として挙げられます。子どもたちが長い時間待たずに利用できるようにするための十分な準備が必要となります。
 • 適時、適切な場所にある安全マット、這って通り抜けることができるトンネル、子どもたちを揺り動かすポリウレタン素材のもの、パラシュート、回転コーンまたは小さなハンドスピナー、滑り台、ブランコ、Aの形をしたフレームやはしご、トランポリン、雲梯、登れる壁、登れるフレーム、登れる木、飛び降りるための遊具、バランスをとるための遊具、ぶら下がれるブランコやロープ、綱引きの素材、取っ組み合いをする遊びのためのマッ

ト、積み木の入った手押し車があります。
 これらの遊具は、一日の保育の中で十分に子どもが遊びたいときに使えるようにする必要があります。また、子どもたちが走ったり踊ったりする空間も必要です。

5.4 例えば、ポリウレタンなどの素材を伸ばしたり曲げたりすること、カバー付きゴムひもを使って友だちと一緒に移動すること、子どもたちが転がって降りたりするためにソファの傍にソフト積木を組み入れること、一つの素材の上で腹ばいになった子どもたちを引っ張ること、リボンスティックを用いて大きな腕の動きをすること、腹ばいになってカーニバルスティックを用いて小さな動きをすること、新聞紙を巻いて作ったバットとボールで遊ぶことなどがあります。

7.1、7.2
 「さまざまなからだを動かす道具・遊具と設備・備品」は、3.1と5.3で述べた活動に子どもたちがかかわることを可能にするもので、そのうちのいくつかは屋内と屋外で行われます。

7.3 一日の中でそのような姿が観察されなかった場合は、保育計画と記録を見たり、具体的な事例について保育者に確認したりします。

注：園の屋外に利用できる空間がない場合は、子どもたちがこれらの身体活動にかかわることができる園外の屋外空間に行く手配を整える必要があります。

【サブスケール1】身体の発達のためのカリキュラム、環境、道具や遊具

●項目3　粗大運動スキル[*]

〈不適切〉	1	1.1	屋内・屋外での粗大運動の活動のための道具・遊具や機会はほとんどない。[*]
		1.2	保育者は、子どもたちが粗大運動の活動に参加するよう勧めていない。
	2		
〈最低限〉	3	3.1	屋内・屋外での粗大運動の活動のための道具・遊具と機会を毎日利用することができる。[*]
		3.2	子どもたちは、屋内・屋外での発達にふさわしい粗大運動の活動に日頃からかかわっている。
	4		
〈よい〉	5	5.1	保育者は、子どもたちの粗大運動スキルの発達を促すような、屋内・屋外での体を動かす適切な活動にかかわれるようにしている。保育者は、粗大運動の活動において子どもたちに見本を示し、支援している。
		5.2	保育者は、粗大運動の活動を他のカリキュラム領域に組み入れている。[*]
		5.3	保育者と保護者は、粗大運動の発達に関する情報を交換している。[*]
	6		
〈とてもよい〉	7	7.1	保育者は、屋内・屋外での多様な粗大運動の活動を用意し、定期的に変化を加えながら子どもたちの関心を保ち、すべての子どもたちがそれらにかかわる機会を持てるようにしている。
		7.2	保育者は、子どもたち一人ひとりの粗大運動の発達を踏まえて計画し、さらに向上させるよう実践している。また、子どもたちの継続的な成長を支援するために、子ども一人、または仲間同士で話し合う機会を持っている。[*]　評定なし、も選択可。（補則参照）

＊粗大運動スキルとは、体の大筋群（腕、脚、胴体など）を使用するものと、一カ所で生じる動き（曲げる、ねじる、飛び跳ねる、など）や、ある場所から別の場所へ移動する際の動き（這う、走る、スキップする、投げる、蹴る、など）を含むものとして定義されています。

1.1、3.1
　　粗大運動の活動の規定は、以下のような道具や遊具が含まれていなければなりません：

屋外：
- 例えば、車輪付きおもちゃ、手押し車、クッションマット、上に乗るためのロープ、回転コーン、トンネル、タイヤ、飛び降りたり、飛び越えたりできる設備・備品、隠れ家を作ることができる素材、歩いたりバランスをとることができる丸太や板、Aの形をしたフレームやはしごといった可動式の道具や遊具が含まれていなければなりません。また、バット、ボール、風船、フラフープ、お手玉などの遊具も含まれています。
- 例えば、登ることができる壁、滑り台、雲梯、砂場、水をいっぱいに溜めることができる天水桶や、パイプといった固定式の道具や遊具が含まれていなければなりません。また、自然環境の中にある登れる木などもまた含まれています。

屋内：
- 登れるフレーム、回転コーン、ソフト積木、クッションマット、転がって降りたりするためのソファ、取っ組み合いの遊びをするためのマットやクッション、トンネル、小さな柔らかいボール、大きなボディーボール、滑り台付きの屋内運動場、階段やトンネル、バランスをとる遊具、お手玉、風船、水桶、缶、水を運ぶ入れ物などを含む可動式の道具や遊具が含まれていなければなりません。

5.2　例えば、数のリテラシーは、子どもたちが真っ直ぐの線に沿って片足や両足で飛びその数を数えるとき、お手玉を輪っかの中に投げて入った数を数えるとき、音楽や言葉遊びに合わせて体を動かしたり、グループでお話の再現遊びをしたりするときに生じます。

5.3　これは、保育計画と記録を見たり、具体的な事例について保育者に確認したりすることが必要な場合もあります。

7.2　子どもたちが2～3歳の間で、言葉でのやりとりが非常に限られている場合は、評定なしにマークしてください。子どもたちが自身の成長に取り組むようかかわらせるかどうかについて、あなた自身の判断を用いてください。評定なしを選択する際は、その理由を記してください。

【サブスケール1】身体の発達のためのカリキュラム、環境、道具や遊具

●項目4　微細運動スキルを支える体の動き

〈不適切〉	1	1.1	屋内・屋外での微細運動スキルを発達させるための道具・遊具や機会はほとんどない。*
		1.2	子どもたちが、屋外で手と指の力と器用さを身につけるために利用可能な粗大運動の機会はほとんどない。*
		1.3	保育者は、微細運動スキルの発達を支援する活動に子どもたちがかかわることを勧めていない。
	2		
〈最低限〉	3	3.1	道具や遊具が利用可能で、屋内に子どもたちの微細運動スキルを発達させるための床で行う運動の機会が日頃から提供されている。*
		3.2	子どもたちは、微細運動スキルを支える、手と指の器用さを強化し、向上するのを助けるような屋外での粗大運動の活動に日々かかわっている。*
	4		
〈よい〉	5	5.1	保育者は、子どもたちの微細運動スキルの発達を促す適切な活動（例えば、体を動かす活動、お絵かき、床で行う活動）を実施している。*
		5.2	保育者は、子どもたちの微細運動スキルの発達を促す適切な屋外の活動を用意している。*
		5.3	保育者は、子どもたちの微細運動スキルの発達を評価し、記録をとり、その成長を観察している。*
		5.4	保育者と保護者は、子どもたちの微細運動スキルの発達に関する情報を交換している。
	6		
〈とてもよい〉	7	7.1	保育者は、屋内・屋外での多様な微細運動スキルの活動を用意し、定期的に変化を加えながら子どもたちの関心を保っている。保育者は、すべての子どもたちがそれらにかかわる機会をもてるようにしている。
		7.2	保育者は、子どもたち一人ひとりの微細運動の発達を踏まえて計画し、さらに向上させるように実践している。保育者は、それぞれの子どもの微細運動スキルを発達させるために、難易度の異なる活動を計画し、実施している。

微細運動スキルは、体の小筋群、主に手や指だけでなくつま先もまた含めて使用するものとして定義されます。例えば、手やつま先を小刻みに動かしたり、物を摑んだり、書いたり、はさみで切ったり、靴ひもを結ぶことなどが含まれます。

1.1、1.2、3.1、3.2、5.2　体を安定させた上で、手を自由にして、特定の微細運動スキルに集中できるようにする必要があります。乳児期に頻繁に観察され、のちに難しくなる動きは、例えば、腹ばい、四肢をバタバタさせること、登ること、物やロープを引っ張ること、手押し車で歩行すること、壁を押すこと、雲梯にぶら下がること、逆さまにぶら下がることなどがありますが、こうした動きは、体の安定性を支えます。これらの活動は、体が安定することを助け、幼児の手と指の部位や器用さを強化し、微細運動スキルの発達を支えます。それは、子どもたちが鉛筆を持ち、紙の上で鉛筆を動かす前に獲得する必要があるスキルなのです。また、体全体を使いながら身体活動をすることは、例えば、子どもの肩の安定性が発達し、下腕が独立して、回転できるようになり、書く姿勢の状態で手を紙の上に置きながらハサミを握るようにペンを持つ、といった子どもの能力を支援します。観察中に、展示中の作品に、もしくは子どもの記録のなかに評定の根拠となるものが見られる場合もあります。

1.1、3.1、5.1、5.2　適切な微細運動の機会の例:
- 前述した体を動かす活動を参照してください。
- 大きなクレヨンや他のお絵描き道具を用いて描くこと、絵の具や水とともに絵筆を使うこと、本で調べること、容器を満たしたり空にしたりすること、乾燥した砂や湿った砂で遊ぶことなど、これら微細運動の活動の多くは、床で行われる必

要があります。
- 同様に、微細運動スキルの発達を支援する他の活動としては、様々な道具や遊具を用いて踊ること、ゼンマイ式玩具で遊ぶこと、スプレー式容器を使うこと、人形のドレスを着脱すること、ごっこ遊びのために身支度をすること、掘ること、食物を植え付けたり収穫したりすること、スモールワールド社のおもちゃ（アメリカのおもちゃ会社の製品で、世界的に安全かつ高品質と認知されている）で遊ぶことが含まれます。
- 微細運動の機会は、すべての子どもたちにとって発達にふさわしいものである必要があります。そのためには、様々なブロックの大きさ、左手用と右手用のはさみ、複雑なパズル、裁縫、レゴ、磁気タイルや他の組み立てることができる道具や遊具、ならびに粘土のような操作することができる材料について考慮する必要があります。

評定の根拠となるものは、観察日の中でいくつか見られる場合があります。他にもどのような活動が提供されているかを尋ね、保育計画や展示物を見てみましょう。

5.3　これについては、子どもたちの記録を調べることや、保育者に確認することが必要かもしれません。言うまでもなく、すべての素材と設備・備品は良好な状態でなければならず、また子どもたちは意図されたよう、遊べるようにしておく必要があります。もしも素材が良好な状態でない場合は、使途に合う状態になるまで再度評価します。

【サブスケール1】 身体の発達のためのカリキュラム、環境、道具や遊具

【サブスケール2】身体の発達のためのペダゴジー＊＊

●項目5　保育者が、屋内・屋外での子どもたちの運動にかかわること＊

〈不適切〉	1	1.1	保育者が子どもたちの身体活動にめったにかかわっていない。
		1.2	保育者は、子どもたちの身体活動を広げたりコメントしたりすることはない。
	2		
〈最低限〉	3	3.1	屋内・屋外で、保育者は子どもたちの体を動かす活動にかかわっている。
		3.2	保育者は、体を動かす活動に障がい児も参加できるよう保障している。＊　評定なし、も選択可。（補足参照）
		3.3	保育者は適切な方法を用いて、子どもたちと彼らの動きの発達について情報を共有している。＊
	4		
〈よい〉	5	5.1	保育者は、例えば、腹這いになる、ハイハイする、転がる、回転する、バランスをとる、ジャンプする、踊るなどの動きに関して、その動き方の見本を示しながら、子どもたちを参加させている。
		5.2	保育者は、動かない子どもや活発に動きたがらない子どもたちが動くように促している。
		5.3	保育者は、子どもたちに働きかけて、彼ら自身が努力していることを支えるべき時と、一歩下がって、子どもたち自身がやり遂げるのを見守るべき時とを、よく分かっている。
		5.4	保育者は、子どもたちのことで継続的に心配事がある場合に、作業療法士や理学療法士や動きに関する専門家に照会をしている。
	6		
〈とてもよい〉	7	7.1	保育者は、子どもたちが難しい動きをしようと試みているときに傍にいて手伝ったり、子どもたちが選んだ動きを少しずつできるようになるためにどうしたらよいかを話し合ったりすることで、子どもたちと一緒に活動を振り返っている。＊
		7.2	子どもたちの体を動かすことへの関心を広げる活動が、少なくとも年に一度提供されている。例えば、ダンスの踊り手を園に招待することや、スポーツ、曲芸や踊りを見るために子どもたちを劇場に連れて行くことなどがある。
		7.3	保育者は、本を読んだり、研修に通ったりすることを通して、動きの発達に関する知識と理解をたえず深めている。＊

　「効果的な教育の最も重要な要素は、活動を始める人にあるのではなく、大人と子どもたち自身がいかに遊びを共に構築するか、大人と子どもたちの間や、子ども同士の間でいかに質の高いやりとりを行うかにあります」（Shiraj-Blatchford, 2010）。

＊体を動かす活動には、子どもたちが仰向けやうつ伏せになること、自分の体を押し上げることが含まれています。その後、子どもたちは、登る、ジャンプする、バランスを取る、揺れる、走る、転ぶまで逆さまにぶら下がる、スキップする、重いものを押し引きする、取っ組み合いの活動をする、といったことをするようになります。しかし、年齢を問わずすべての子どもたちは、年齢に見合った方法で初期の運動パターンに戻る必要があります。

＊＊イギリスを含むいくつかの国の主席医務官の助言では、独立歩行ができる子どもたちは1日の間に合計して少なくとも3時間、活発に体を動かすことを推奨しています。

3.2　この項目は、グループの中に障がいがあると特定され、診断された子どもがいる場合、子どもの体を動かす活動に関するニーズをどのようにしたら満たせるかや、作業療法士など、誰が専門的支援を行うかといった情報を含む報告書や評価書がある際に評定します。

　　報告書や評価書がない場合や、園や保育室に障がいのある子どもがいない場合は、評定なしと記入してください。

3.3　保育者は、動きの発達に関して子どもたちと話します。例えば、子どもたちが実際には挑戦していないが、やってみたいかもしれない体の動きについて話をします。

7.1　難しい動きとは、子どもたちが初めて

Aの形をしたフレームのはしごに登ったり、逆さまにぶら下がったり、壁を登ったり、雲梯にぶら下がったりする際に、手助けをしてくれる大人や、近くにいていつでも助けてくれる大人を必要とする場合などを指します。

7.3　この項目については、保育者に確認することが必要です。例えば、（体を動かす遊び／身体の発達／身体リテラシーに関する講座など）子どもたちの発達に関する分野の理解と、身体活動としての子どもたちのための育ちの理解を向上させるために、どの講座に保育者が参加したことがあるのかを尋ねます。また、彼らがこのテーマに関する記事や本などを読んだことがあるのかを尋ねます。

【サブスケール２】身体の発達のためのペダゴジー

●項目６　屋内・屋外で子どもたちの身体の発達を観察し評価すること*

〈不適切〉	1	1.1	子どもたちの身体の発達に関する観察は、記録されていない。
	2		
〈最低限〉	3	3.1	保育者は、子どもたちの身体の発達を観察し、評価している。記録には、写真、ビデオ、オーディオ、観察ノートが含まれている。現在のカリキュラムの枠組みや発達の指標と関連づけられている。*
		3.2	保育者は、子どもたちの身体遊びの間に見られる子どもたちのやりとりを記録している。
	4		
〈よい〉	5	5.1	保育者は、子どもたちの体を動かす活動を観察、分析することで、子どもたちの身体の発達の次の段階を計画、準備するための情報を得ている。*
		5.2	保育者は、子どもたちの観察を通して、カリキュラムの他の領域と関連付け、次の保育計画に取り入れている。
		5.3	保育者は、子どもたちの身体の発達に関する成長の観察内容と評価を保護者と共有している。
		5.4	子どもたちが、体の動きに関して常に問題を抱えていると保育者や保護者が判断した場合に、園外の専門機関に助言を求めている。
	6		
〈とてもよい〉	7	7.1	保育者は、観察と評価を行うことで、子どもたちがカリキュラムの他の領域でも体を動かす経験ができるよう、豊かな機会を提供している。*
		7.2	身体の発達での育ちに関する子どもたち自身の評価が、その後の学習計画を立てるために用いられている。特定の状況においては、評定なしとする。*（補則参照）
		7.3	保護者や作業療法士などの専門家は、必要に応じて身体の発達の評価計画に協力している。

＊子どもたちの学びは豊かになり広がっていく必要がありますが、子どもたちの成長は、必ずしも前向き上向きにあるものではありません。子どもたちの成長プロセスは、子どもたちに与えられた環境や、子どもたちと仲間や大人たちとの間で生じるやりとりの影響を受けます。乳幼児の園のエートス[1]やルーティンは、子どもたちの育ちの結果にも影響を与えます。

保育者は、子どもたちの発達や、4歳、3歳、2歳のそれぞれの時期に見合った知識を持つ必要があります。あるいは、2歳、3歳、4歳になったばかりの子どもと、もうすぐ次の年齢になる子どもの間に見られる違いを理解している必要があります。保育者は、子どもたちが、すでにできるようになっていることに再びやってみようとしたり変更を加えたりする時間を与え、またそのようにすることがまさに正しいと思われるときにはその時間を引き延ばすなど、子どもたちを観察、支援しなければなりません。

保育者は、子どもとは何か、彼らの独自性、ニーズ、関心を理解するために、子どもたちを丁寧に観察する必要があります。

保育者は、子ども一人ひとりに関する知識をたえず集め、子どものウェルビーイング、関心、学びの特性、子どものスキルや能力について情報を得る必要があります。評価は、子どもたちとのやりとりから距離をあけることや過度の書類作成作業を要求するものではありません。

3.1　子どもたちの観察とは、保育者が注意を払うこと、丁寧に見ること、聞くこと、子どもたちが体を動かす経験をしている中で子どもたちがしていることを書き留めること、観察した内容を正確に描写し記録することなどです。体を動かす活動は、幼児が起点になっていますか？　大人が起点になっていますか？　また、大人主導になっていますか？

　子どもたちの参加の度合いをメモしてください。子どもたちは、どれだけ深く体を動かす経験にかかわっていますか？　活動は、何らかの理由で中断されていませんか？　継続し、集中していますか？　子どもたちは、どの位やる気がありますか？　子どもたちは、体を動かす活動をしながら喜んでいる様子がみられますか？　子どもたちがひとりでいるか、二人でいるか、グループでいるか、大人といるかをメモしてください。それぞれの子どもがしていること、誰と一緒にいて、何を言っているのか、どんな語彙が使われているのかを記録してください。子どもはどんなスキルを発揮していますか？　著しい発達が見られるかどうかの証拠は、踊りや動きのパターン、ならびに粗大運動や微細運動の活動の写真、ビデオ、観察記録を通して確認することができるでしょう。

　観察中に証拠が一つも見られない場合は、子どもたちの身体の発達に関する成長の観察や評価をどのように記録しているのかを保育者に尋ねましょう。

5.1 保育者は、子どもの発達上のニーズと関心について、十分な理解を得られるまで、継続的に丁寧な観察を行います。子どもたちの体を動かす活動において重要なことは何でしょうか？ カリキュラムのこの領域に関して、その子どもはどのような学びのアプローチをとっているでしょうか？ この領域に関して、どのような子どもたちの学びの構えや特徴が見られるでしょうか？

子どもは、屋内・屋外でどのような好みや関心を示しているでしょうか？ 評定の根拠は、絶えず評価や発達に関する今後の計画を立てるために集められるべきです。観察する際、保育者は評価や計画に必要な情報を得るために、明確な目的と焦点を持つ必要があります。

評定の根拠として観察記録や計画のいずれにも見られない場合は、保育者に個々の子どもたちの成長と発達をいかに追跡しているのかを尋ねましょう。

7.1 体を動かす経験は、他のカリキュラム領域でも用いることができます。例えば、石蹴り遊びや、砂や水をものづくりコーナーに運ぶ際にバケツの数を数えるといった数のリテラシー、子どもたちが速く走った後に心拍数が正常に戻るのにどれくらいの時間がかかるかに気付くといった科学、屋外に絵を描くために大きな絵筆や水を使うといったお絵かき、ハーブや食物の植え付け、栽培、収穫、水たまりや様々な野外の地面探索といった自然などの領域です。

7.2 保育者は動きの発達について、子どもたちと話をして共に振り返ります。子どもたちは、自分たちができることは何か、自分たちが関心を持っていることは何か、次に学んでみたいことは何かについて、質問をしたり、コメントをしたり、アイデアを共有するように働きかけられています。子どもたちが 2 〜 3 歳で、言語の使用がかなり限定される場合は、評定なしと記入してください。子どもたちが、自身の育ちへの取り組みにかかわるかどうかについて、あなたの判断を用いてください。評定なしを選択する際は、その理由を記してください。

---

1 エートス（ethos）とは、集団が持つ価値観や信念や行動様式を指す。

【サブスケール2】 身体の発達のためのペダゴジー

◉項目7　屋内・屋外における身体の発達のために計画すること*

〈不適切〉	1	1.1	身体の発達は、計画に含まれていない。
	2		
〈最低限〉	3	3.1	計画には、身体の発達に関する観察や評価に応じた体を動かす活動が含まれている。現在のカリキュラムの枠組みと関連づけられている。*
		3.2	保育者は、屋外に関する体を動かす活動を主に計画している。
	4		
〈よい〉	5	5.1	計画は、子どもたちの身体の発達、関心やニーズの評価に応じて書かれている。これらの計画は、空間や道具・遊具といった設備と同様に、実践に必要な情報を得るために用いられている。
		5.2	計画には、保育者集団の役割が含まれている。これは、設備の設定や安全確認、良い状態であることを保障することを含んでいる。すべての保育者は、体を動かす活動において子どもたちを支える責任がある。
		5.3	保育者は、屋内・屋外の身体活動を計画している。計画には、他のいくつかのカリキュラム領域が身体活動の中に組み込まれているという認識が示されている。*
		5.4	計画には、家庭で示された子どもの体を動かすことのニーズや関心について、保護者との会話によって得られた情報が反映されている。
	6		
〈とてもよい〉	7	7.1	体を動かす活動は、特別なニーズを持つ子どもたちを含めた、子どもたちの特定のニーズに合わせて設計されており、それは日案や週案の中に書かれている。
		7.2	身体の発達の計画には、例えば数のリテラシー、言語や読み書き、健康、早期に出会う科学など、他のすべてのカリキュラム領域が含まれている。
		7.3	子どもにかかわるすべての人々、すなわち子どもの鍵となる人物や作業療法士、理学療法士などの他の専門家が評価と計画のプロセスに関与している。

*子どもたちの成長に関する観察と評価は、常に計画に必要な情報を与える必要があることに注意してください。保育者が子どもたちや彼らのニーズに注意を向けていることで、子どもたちが登りたいと思ったときに登るものが用意されていたり、子どもたちがジャンプしたいと思ったときに飛び降りるものがあったりするのです。

3.1　計画を確かめるように尋ねてみてください。体を動かす活動は、どのくらいの頻度でグループ全体または小グループで計画されていますか？　屋内・屋外でどのような活動が計画されていますか？

5.3　身体の発達が他のいくつかのカリキュラム領域を含んでいるか、あるいは身体の発達がカリキュラム全体に含まれているかを、計画の中で確認してください。

【サブスケール3】身体活動と批判的思考を支えること

◉項目8　子どもたちの動きに関する語彙を支え、広げること*

〈不適切〉	1	1.1	子どもたちが身体活動について保育者に話すことを促されたり、その機会を持ったりすることはほとんどない。
		1.2	子どもたちの体を動かす活動に関する言葉でのやりとりは、管理的な性質を持つ傾向がある。
	2		
〈最低限〉	3	3.1	子どもたちが動いたり身体活動をしているときに、保育者は、子どもたちの表現、身振り、音、ボディランゲージ[2]、動きに関する語彙に適切に応答している。*
		3.2	子どもたちは、身体遊びにかかわっているときに、仲間と言葉でコミュニケーションをとっている。
		3.3	保育者は、子どもたちとの身体活動にかかわっているときに、動きに関連する語彙を使用している。*
	4		
〈よい〉	5	5.1	保育者は、子どもたちと身体活動にかかわっているときに、子どもたちの動きに関する語彙を広げることを計画している。*
		5.2	保育者は、子どもたちが身体遊びに関して、お互いにコミュニケーションをとることを促し、支援している。
		5.3	保育者は、体を動かす活動をしたがらない子どもたちや話したがらない子どもたちのそばで遊んでいる。
	6		
〈とてもよい〉	7	7.1	保育者は、開かれた質問を投げかけ、子どもたちが自身の体を動かす経験に関連する質問をすることを促している。保育者は、子どもたちが自分たちのアイデアを話し、広げることを促している。
		7.2	保育者は、子どもたちに言葉の困難や発達の遅れが認められた場合、必要に応じて専門家の支援を得て、評価し計画を立てている。*

2　ボディランゲージとは、身体動作を利用した非言語コミュニケーションを指す。

＊（15 ページにある「子どもたちと一緒に、動きに関する言葉を使う」を参照のこと）

3.1　すべての子どもたちが理解を深めるために、言葉は不可欠です。それゆえ、子どもたちが何をしているのかを話し合うことが重要です。このようにして、子どもたちは、自分の経験や気持ちを振り返りながら、自分の動きに関する言葉を習得し、広げます。例えば、どれくらい遠く？　どのくらいの高さ？　どのくらいのスペース？　どれくらいの長さ？　どのように感じた？　子どもたちは興奮していた？　楽しかった？　怖かった？　ピーターはなぜいつも勝つの？　身長が高いからか、足が長いからか、走ることが好きだからか、といった勝利に影響を及ぼす変数について、保育者は話し合いを始めることができるでしょう。幸せや悲しみのような肯定的感情や否定的感情、初めて何かをするときの感情やあまりにも難しいことをするときの感情を探究しましょう。遊び心に満ちた表現豊かな言葉を促すために、ブランコをしているときの「ビュー」、滑り台を滑るときの「シューッ」、トランポリンをするときの「ビョン、ビョン」など、遊び心のある音を含めましょう。

3.3　大人たちは、名詞、動詞や相（フェーズ[3]）などを含む子どもたちの体を動かす活動に対して、動きに関連する語彙を導入してい

ます。

5.1　計画や記録を見て、事例に基づく評定の根拠になるものを保育者に尋ねてみましょう。目的は、動きに関する言葉を保障し、広げながら、動きに関する言葉を適切に増やすことです。保育者は、子どもたちが体を動かす活動にかかわる際に、文脈の中で動きに関する語彙を使用します。それは、例えば「〜の上に、〜の間に、〜のそばに、〜の前に」といった前置詞、はしごを「登る」、トンネルを「ハイハイで通り抜ける」といった動詞や前置詞、「体の部位」などの名詞、「左手」「空いている手」といった形容詞を伴う名詞、「短い」「遠い」「長い」「近い」などの距離を描写する形容詞、「速く」「遅く」といった副詞などです。（15 ページの「子どもたちと一緒に、動きに関する言葉を使う」を参照）

7.2　これは、（言語聴覚士や言語療法士などの）専門家の支援、専門家が与える助言、報告書などとの関連について、保育計画と記録の確認や、保育者への質問が必要かもしれません。

3　動作を構成する一つひとつの要素を指す。

【サブスケール３】身体活動と批判的思考を支えること

●項目９ 身体活動を通してコミュニケーションをとり、相互にかかわることで「ともに考え、深めつづけること」を支えること

〈不適切〉	1	1.1	保育者は、子どもたちの動きを妨げてコミュニケーションをとっている。*
		1.2	保育者は、子どもたちと動いたり、言葉によるやり取りを通して、子どもたちとのコミュニケーションをほとんど、またはまったくとろうとしない。*
	2		
〈最低限〉	3	3.1	保育者は、子どもたちに話したり考えたりする時間を与えながら、関連のある適切な言葉と声のトーンで、子どもたちの体を動かす活動に応答している。*
		3.2	保育者は、紙とペンや鉛筆などを用いたり、または写真やビデオを通して、子どもたちの体を動かす経験を記録するために、子どもたちを一人ずつ、または小さなグループごとに丁寧に尋ねている。
	4		
〈よい〉	5	5.1	保育者は、子どもたちが体を動かす遊び活動をしている間、お互いにコミュニケーションをとることを促している。保育者は、子どもたちの言葉のコミュニケーションややりとりを広げている。*
		5.2	保育者は、子どもたちが写真やビデオ、絵を見ながら、これまでに体を動かした経験や、それに付随する感情や情緒について話すよう促している。*
		5.3	保育者は、家庭での学習環境における動きや遊びを増やすことについて保護者に話している。*
	6		
〈とてもよい〉	7	7.1	保育者は、すべての子どもたちが体を動かす活動をしている間に他の人とやりとりすることを促している。保育者は、「ともに考え、深めつづけること」という考えを用いて、子どもたちがアイデアを探究し、自分たちの学びに結びつけることを助けながら、支えている。*
		7.2	保育者は、子どもたちの成長を振り返りながら、身体の発達について子どもたちにフィードバックをしている。*
		7.3	保護者と保育者は、家庭と園での子どもの体を動かす活動、動きに関する語彙や議論について、観察した内容の情報共有を行っている。

1.1　妨げるとは、例えば中断することを意味しています。

1.2　話し言葉は、言葉のコミュニケーションとして使用されますが、体を動かすことは、例えば、子どもたちの横で転がったり這い回ったりすること、子どもたちと走ること、階段からジャンプするのを援助するために手を持つことなど、非言語コミュニケーションの一形態となり得ます。

3.1　使用される言葉とは、例えば、速く走った直後のように、身体的現象に注意が向いた後の子どもたちの感情を表現し得るものです。例えば、崖っぷちに立った時の心拍の速さや冷や汗の感覚、裸足で走る時に屋外の様々な地表や肌に触れることを通して持つ質感、泥の中につま先を入れて音を立てて歩く時、遊具の上に逆さまになってみる時、スリル感や恐怖感をもつかどうか、ジャングルジムに登るのは難しいが目的を成し遂げたり頂上に到達した時に感じる心地よさ、といったことです。肯定的感情や否定的感情は、例えば、達成が実現された時やそうでないとき、あるいは子どもが走っていて転び怪我をしたときに取り上げられます。

5.1　例えば、大きさが同じもしくは大きさの異なる棒を探すこと、中で這ったり立ったり動き回れる空間を作ること、全身を使って空間を探索することや、障害物のある走路を計画し、障害物のコースを組み立てようとする時など、子どもたちが隠れ家を作っている時に話し合いは生じるかもしれません。これらの活動は、隠れ家を作る過程を

話し合う機会、あるいは位置に関する言葉や空間について話す機会を与え、子どもたちに本物の方法で、また遊ぶことのできる想像的かつ刺激的な空間を子どもたちに与えます。保育者は、「あなたたちの隠れ家を作るのに必要な高さはどれくらい？」「子どもたちが中で遊ぶのに十分な大きさになっている？」「もし雨が降ったら、どうやって濡れないようにする？」といった問いを投げかけます。

　その日に観察されない場合は、同様の事例について保育者に尋ねましょう。

5.2　言葉の使用は、競い合いもしくは勝ち負けのように、特定の子どもが他の子どもよりもよくできる理由、あるいは公平のような概念、例えば、背の高い子どもたちが背の低い子どもたちよりも早く走ることができるかどうか、他の要因の効果があるのか、といった概念を取り巻く周辺状況において見られる場合があります。このように、子どもたちは自分たちの経験から生じた会話を長時間続けることができるような本物の話題を持つのです。観察日にこのことを観察することは可能かもしれませんが、もしそうでない場合は、保育者に事例や記録として残っている評定の根拠となるものを確認しましょう。

5.3　これは記録を見て、保育者に確認することが必要な場合があります。

7.1　保育者は、子どもたちが動きや言葉を用いて遊び、学んでいる際、子どもたちが体を動かすこと、会話をすること、考えるこ

とを主導させることで、子どもたちの思考を持続させることは極めて重要です。持続的な体を動かすやりとりは、子どもたちが取っ組み合い遊びをしているとき、あるいは小グループで遊んでいるときに生じるでしょう。例えばポリウレタンやカバー付きのゴムひもなどを用いて、他者との体を動かすやりとりを始め、広げるときに生じます。長時間体を動かして会話をすることは、子どもたちの動きの探究や、それに伴う感情、思考、情動に関連する言葉を用いて、コミュニケーションをとるときに起こるでしょう。保育者は、「あなたが取っ組み合い遊びをしている際、たくさん微笑み、笑っていたのを見たけど、そのときどのように感じていたの？」「あなたたちが、ゴム紐を使ってずっと一緒に移動していたけど、お部屋の中から外にずっと一緒に移動していたのはなぜ？　誰がそう決めたの？」といった問いを投げかけます。

7.2　計画や記録に、個々の子どもたちの成長が示されているかを見ます。

【サブスケール3】 身体活動と批判的思考を支えること

●項目10　屋内・屋外で子どもたちの好奇心や問題解決能力を支えること*

〈不適切〉	1	1.1	保育者は、子どもたちの身体活動について指図する傾向にある。
		1.2	保育者は、子どもたちが活発に体を動かしているときに子どもたち自身の努力を支援していない。
	2		
〈最低限〉	3	3.1	保育者は、子どもたちがどの身体活動にかかわりたいかや、どのようにその身体活動をするのかについて、子どもたちが選択する手助けをしている。
		3.2	保育者は、様々な方法で使用可能な道具や遊具を提供することで、子どもたちの身体遊びへの関心を刺激している。*
		3.3	保育者は、子どもたちが身体活動に集中できるよう、その場にいて配慮している。*
	4		
〈よい〉	5	5.1	保育者は、ほとんどの子どもたちが体を動かす活動を探究できるよう促すため、新しいアイデアを発見するといった子どもたちの関心に応答している。保育者は、子どもたちの体を動かす活動に参加し、子どもたちのアイデアに対して敏感に応答している。*
		5.2	保育者は、ほとんどの子どもたちのために、発達にふさわしい体を動かす経験を計画している。保育者は、子どもたちが自らの可能性を探究できる空間、時間、道具・遊具を持つことを保障した上で、子どもたちの体を動かすスキルを広げるために見本を示したり、支えたりしている。
		5.3	保育者は、ほとんどの子どもたちが自分たちの活動を探究する中でリスクを冒すことができるよう、子どもたちが物事に挑戦することができるようにしたり、子どもを見守り介入して方向付けたり、理解させたりしている。
	6		
〈とてもよい〉	7	7.1	保育者は、子どもたちを動機づけていることや子どもたちの好奇心を刺激していることを発見するために、子どもたちの身体活動に応答しながら、個々の子どもたちの動きへの関心や言葉でのやりとりに遊び心をもって参加している。保育者は、個々の子どもたちに問いを投げかけるようにしている。
		7.2	保育者は、個々の子どもたちや小グループの子どもたちが持つ好奇心と問題解決を支援している。保育者は、すべての子どもたちがお互いから学ぶように促している。保育者は、重要な動きを記録し、計画に反映させている。*
		7.3	保育者は、自分の体の動きを探究することに関して子ども一人ひとりと話すことを通して、子どもたちの学びの動機付けを支えている。例えば、何を学んだのか、何がうまくいったのか、何がうまくいかなかったのか、などである。

*乳幼児たちは、自分たちの周囲の世界について、ありのままに興味を持つ傾向があります。子どもたちは、自分たちの環境を知りたがっており、人々と関係を持ちたいと思っています。子どもたちの探究心は、尊重され、促されるべきです。そのために、子どもたちの関心を認め、子どもたちが新しい経験に挑戦することに自信を持てるように促すことが必要です。自然環境は、子どもたちの好奇心や身体活動のための豊かな資源を提供します。

3.2　道具や遊具は、子どもたちが利用することができ、また屋内の特定の部屋や、保育室の中の主に体を動かすためのコーナーに置かれているかもしれません。様々な道具や遊具は、屋外の身体遊びのために提供されています。例えば、ターザンロープ、バケツや滑車、飛び降りるための遊具、水や砂やレンガを運ぶための手押し車、掘ったり虫を見つけたりすることができる泥のエリア、登れる木々、隠れ家を作るための素材、自然の中を子どもたちと散歩して葉っぱ、小枝、種子、果実、木の実を集めること、樹皮をこすって削ぐこと、施設が所有している木々の名前を特定することなどです。

3.3　これは、子どもたちが体を動かす活動にかかわっている時に、子どもたちが体を動かすことに取り組むことを尊重し、彼らがしていることに関心を示しながら、子どもたちに注意を向けることを示しています。

5.1　道具や遊具を整理し提示する仕方によって、子どもたちの好奇心を刺激し、探究を促し、新しい使用方法を子どもたちに提案することがあります。例えば、中にボールやおもちゃが入っている、シフォンのスカーフで覆われているダンボール箱は、子どもたちが中を探索し、箱の中に座って、それらの素材を用いて覆い隠すような使い方を子どもたちが発見する、などです。また、

水のトレイをチューブや排水管などで繋ぎ、様々な高さに接続していくことで、子どもたちに水遊びを促す可能性が広がります。しかし、いくつかの新しい素材や道具（例えば、ポリウレタン素材、大きなカバー付きのゴムひも、小さなカバー付きのゴムひもなど）は、様々な使い方を子どもたちに示しながら、まず子どもたちに紹介する必要があるかもしれません。もちろん、その後、子どもたちは新しい使い方も試すことができます。保育者は、子どもたちが新しいアイデアやスキルを学び、発達していけるように、子どもたちが遊び心をもって体を動かすことの探究を行えるようにすべきです。

7.2　保育者は、子どもたちの創造的なアイデアに耳を傾け、関心を持って応答し、子どもが自分の感情を表現し、他の子と遊び、適切な場面で他の子と協力することを手助けします。保育者は、子どもたちがともに取り組み、開かれた問いを投げかけながら、問題を解決するのを支援します。例えば、あなたは、どのようにしたら自分の足を濡らさずに水を渡ることができるのかしら？といったようにです。あるいは、子どもたちが力を合わせることで、どのくらいうまく問題解決できたかを子どもたちとともに振り返ります。

　保育者は、例えば隠れ家の中に、音楽プ

レーヤー（スマートフォンやiPadなど）や、シフォンのスカーフ、カーニバルスティック、リボンスティックなど、体を動かすための道具や遊具がいっぱい入った宝箱を隠すなどのアイデアを子どもたちに紹介するとしましょう。子どもたちは、「木の外側から取りかかりなさい」「ジャングルジムに向かって五歩歩きなさい」といった手がかりをたよりにして、宝を見つけるために大人によって描かれた地図に従います。ここで書かれた手がかりは、字で書かれたものも絵で描かれたものもあるでしょう。子どもたちは、宝を見つけるまで、力を合わせて地図をたどり手がかりを解くでしょう。このような中で、年長児は年少児を手助けすることができます。子どもたちは、最後に踊りのために準備された空間にたどり着くのです。

【サブスケール4】保護者と保育者*

●項目11　子どもたちの身体の発達と彼らの学び、発達、健康により育まれるものについて保育者が家庭に伝えること**

〈不適切〉	1	1.1	保育者は、身体活動の重要性について、保護者と話し合っていない。
		1.2	保育者は、身体の発達に関する園のアプローチについて保護者に知らせていない。
	2		
〈最低限〉	3	3.1	保育者は、栄養摂取を含む身体の発達に関する園のアプローチについて、非公式に保護者と話している。
		3.2	保護者と保育者は、園や家庭での子どもたちの身体活動に関する情報を共有している。
	4		
〈よい〉	5	5.1	保育者は、園のカリキュラム領域に関する教育目標と実践を、保護者に認識してもらうようにしている。保育者は、保護者を園に招き、子どもたちが体を動かす活動や身体活動を楽しむイベント（ファン・デイ）にかかわる様子を見ている。*
		5.2	保育者と保護者は、子どもたちの体を動かす活動と健康に関する情報を交換している（例えば、子どもたち、兄弟、友だちが行っている身体活動について）。保育者は、子どもたちが家庭で身体的により活発であり、健康であるために保護者を導いている。*
		5.3	保育者は子どもの身体活動の育ちについて、展示物を通して保護者に知らせている。また、展示物には体を動かす活動にかかわっている子どもたちの写真が含まれている。*
	6		
〈とてもよい〉	7	7.1	保育者は、体を動かすことのプログラムを評価している間に、保護者の考えを定期的に求めている（例えば非公式に、またアンケートを通して）。*
		7.2	保育者は、子どもの身体の発達に関して懸念がある場合は、保護者に意思を求めている。外部の専門機関、例えば理学療法士や作業療法士などに照会すべきかどうかを、保育者と保護者が共同で判断している。*　評定なし、も選択可。（補則参照）
		7.3	園や家庭で身体の発達に関して保護者や家族のかかわりを促すために、様々な方法が保育者によって採られている。*

＊　「保護者と保育者」とは、子どものためのケアの第一義的責任を持つ大人を指しており、残りの項目では、単に「親」としています。
＊＊イギリスを含むいくつかの国の主席医務官の助言では、独立歩行ができる子どもたちは1日の間に合計して少なくとも3時間、活発に体を動かすことを推奨しています。

5.1　保護者は、子どもたちの体を動かす活動を観察したり参加したりするために園に招かれていますか？　保護者は、子どもたちの動きに関する発達領域の重要性や、それが子どもたちの学びにどのように影響しているのかを聞き、話し合うために、保護者会の場に招かれていますか？

5.2　保育者は、以下のような様々な身体活動を提案することで保護者を支えることができます。
• 子どもたちとともに床上で体を動かす活動を行うこと
• 子どもたちとともに園の行き帰りを歩いて行くことや、地元のお店まで歩いて行くこと
• 地域の公園に子どもたちを連れて行くこと
• 子どもたちとともに自由に楽しく走ること、ボール遊びをすること、揺れたり滑ったり登ったりするために公園内の遊具を使うこと、泳ぎを教わること、海で一緒に砂の城を作り、海で泳ぐこと

　　保育者は保護者に、子どもたちの社会的、情動的、認知的発達と子どもたちのウェルビーイングのために、体を動かすことで得られる育ちについて知らせていますか？
　　語彙は、子どもたちが家庭で行う体を動かす活動に関連していますか？　保育者は保護者に、子どもたちが家庭でどんな身体活動を行っているかを尋ねていますか？　保育者は、子どもたちが健康な食事を摂ることの重要性を保護者と話し合っていますか？

5.3　「展示物」とは、例えば、身体の発達に関する園の方針や、園や家庭で子どもたちが行っている身体活動などを包含しています。展示物に書かれた文章は、子どもたちの健康、学び、発達への育ちに言及していますか？（22ページの「誕生から6、7歳までの子どものいくつかの早期の運動パターンにより育まれるもの」および24ページの「乳幼児のための健康な食事」を参照）

7.1　「日常的」とは、1年に一度または2年に一度を意味しています。保護者は体を動かすことのプログラムの評価に参加しているどうか、またどのくらいの頻度で参加しているかを尋ねましょう。

7.2　子どもたちが体を動かすことの困難に直面しているように思われるときに、保育者は何をしているでしょうか？　保育者は保護者に話し、同意が得られた場合に、保育者は外部の専門機関に子どもを照会していますか？

7.3　「関与」は、運動のセッションを観察したり参加したりすること、イベント（ファン・デイ[4]）を計画したり参加したりすることなど、保護者による積極的な参加が求められます。園では、例えば、父親や祖父がこれらの活動に参加することに焦点を当てるかもしれません。道具や遊具は、保護者が家庭で子どもたちと体を動かす活動にかかわれるように保護者に貸し出される場合があります。保護者がかかわる他の方法を持っていますか？

4　運動会や親子行事、バザー、園外保育とは異なるお楽しみ日を指す。

◆スコアシート（事前記入用）

保育施設の名称 : _____

訪問日 : _____　　訪問時間 : _____ ～ _____

保育施設内の観察場所 : _____

観察時にいた保育者 : _____

子どもたちの月齢の幅[5] : _____ 歳 _____ ヶ月 ～ _____ 歳 _____ ヶ月　　子どもたちの月齢の平均 : _____ 歳 _____ ヶ月

訪問日に観察した子どもの数 : _____　　観察クラス内の園児数 : _____

保育施設内の全園児数 : _____

他の関連情報（例えば、地域に関する情報など） : _____

観察者の氏名 : _____

サイン : _____

5　月齢の幅とは、月齢の最も低い子どもと最も高い子どものそれぞれの月齢のこと。

◆観察した保育施設の大まかな図面（室内・室外）

◆スコアシート（観察直後記入用）

【サブスケール1】身体の発達のためのカリキュラム、環境、道具や遊具

項目1 身体活動を促すための環境空間を作ること

1		2	3		4	5		6	7	
Y	N		Y	N		Y	N		Y	N
1.1 ☐	☐		3.1 ☐	☐		5.1 ☐	☐		7.1 ☐	☐
1.2 ☐	☐		3.2 ☐	☐		5.2 ☐	☐		7.2 ☐	☐
1.3 ☐	☐		3.3 ☐	☐		5.3 ☐	☐		7.3 ☐	☐
			3.4 ☐	☐		5.4 ☐	☐			

項目2 可動式・固定式の設備・備品を含む道具や遊具を提供すること

1		2	3		4	5		評定なし	6	7	
Y	N		Y	N		Y	N			Y	N
1.1 ☐	☐		3.1 ☐	☐		5.1 ☐	☐			7.1 ☐	☐
1.2 ☐	☐		3.2 ☐	☐		5.2 ☐	☐	☐		7.2 ☐	☐
1.3 ☐	☐		3.3 ☐	☐		5.3 ☐	☐			7.3 ☐	☐
						5.4 ☐	☐				

項目3 粗大運動スキル

1		2	3		4	5		6	7	
Y	N		Y	N		Y	N		Y	N
1.1 ☐	☐		3.1 ☐	☐		5.1 ☐	☐		7.1 ☐	☐
1.2 ☐	☐		3.2 ☐	☐		5.2 ☐	☐		7.2 ☐	☐
						5.3 ☐	☐			

項目4　微細運動スキルを支える体の動き

1　2　3　4　5　6　7

	Y	N
1.1	☐	☐
1.2	☐	☐
1.3	☐	☐

	Y	N
3.1	☐	☐
3.2	☐	☐

	Y	N
5.1	☐	☐
5.2	☐	☐
5.3	☐	☐
5.4	☐	☐

	Y	N
7.1	☐	☐
7.2	☐	☐

【サブスケール2】身体の発達のためのペダゴジー

項目5　保育者が、屋内・屋外での子どもたちの動きさにかかわること

1　2　3　4　5　6　7

	Y	N
1.1	☐	☐
1.2	☐	☐

	Y	N	評定なし
3.1	☐	☐	
3.2	☐	☐	
3.3	☐	☐	☐

	Y	N
5.1	☐	☐
5.2	☐	☐
5.3	☐	☐
5.4	☐	☐

	Y	N
7.1	☐	☐
7.2	☐	☐
7.3	☐	☐

項目6　屋内・屋外で子どもたちの身体の発達を観察し評価すること

1　2　3　4　5　6　7

	Y	N
1.1	☐	☐

	Y	N
3.1	☐	☐
3.2	☐	☐

	Y	N
5.1	☐	☐
5.2	☐	☐
5.3	☐	☐
5.4	☐	☐

	Y	N	評定なし
7.1	☐	☐	
7.2	☐	☐	
7.3	☐	☐	☐

項目7　屋内・屋外における身体の発達のために計画すること

1 2 3 4 5 6 7

1.1　Y □　N □

3.1　Y □　N □
3.2　Y □　N □

5.1　Y □　N □
5.2　Y □　N □
5.3　Y □　N □
5.4　Y □　N □

7.1　Y □　N □
7.2　Y □　N □
7.3　Y □　N □

【サブスケール3】身体活動と批判的思考を支えること

項目8　子どもたちの動きに関する語彙を支え、広げること

1 2 3 4 5 6 7

1.1　Y □　N □
1.2　Y □　N □

3.1　Y □　N □
3.2　Y □　N □
3.3　Y □　N □

5.1　Y □　N □
5.2　Y □　N □
5.3　Y □　N □

7.1　Y □　N □
7.2　Y □　N □

項目9　身体活動を通してコミュニケーションをとり、相互にかかわることで「ともに考え、深めつづけること」を支えること

1 2 3 4 5 6 7

1.1　Y □　N □
1.2　Y □　N □

3.1　Y □　N □
3.2　Y □　N □

5.1　Y □　N □
5.2　Y □　N □
5.3　Y □　N □

7.1　Y □　N □
7.2　Y □　N □
7.3　Y □　N □

項目10　屋内・屋外で子どもたちの好奇心や問題解決能力を支えること

	1	2	3	4	5	6	7
	Y	N	Y	N	Y	N		

1.1 □ □　　3.1 □ □　　5.1 □ □　　7.1 □ □
1.2 □ □　　3.2 □ □　　5.2 □ □　　7.2 □ □
　　　　　　3.3 □ □　　5.3 □ □　　7.3 □ □

【サブスケール4】保護者と保育者

項目11　子どもたちの身体の発達と彼らの学び、発達、健康により育まれるものについて保育者が家庭に伝えること

	1	2	3	4	5	6	7	評定なし
	Y	N	Y	N	Y	N			

1.1 □ □　　3.1 □ □　　5.1 □ □　　7.1 □ □　　□
1.2 □ □　　3.2 □ □　　5.2 □ □　　7.2 □ □
　　　　　　　　　　　　5.3 □ □　　7.3 □ □

◆プロフィール（複数回の観察・共同観察用）

			1	2	3	4	5	6	7
1	2	3							

【サブスケール1】身体の発達のためのカリキュラム、環境、道具や遊具

項目1：身体活動を促すための環境空間を作ること

項目2：可動式・固定式の設備・備品を含む道具や遊具を提供すること

項目3：粗大運動スキル

項目4：微細運動スキルを支える身体の動き

【サブスケール2】身体の発達のためのペダゴジー

項目5：保育者が、屋内・屋外での子どもたちの動きにかかわること

項目6：屋内・屋外で子どもたちの身体の発達を観察し評価すること

項目7：屋内・屋外における身体の発達のために計画すること

【サブスケール3】身体活動と批判的思考を支えること

項目8：子どもたちの動きに関する語彙を支え、広げること

項目9：身体活動を通してコミュニケーションをとり、相互にかかわること「ともに考え、深めつづけること」を支えること

項目10：屋内・屋外で子どもたちの好奇心や問題解決能力を支えること

【サブスケール4】保護者と保育者

項目11：子どもたちの身体の発達と彼らの学び、発達、健康により育まれるものについて保育者が家庭に伝えること

◆評価者間の信頼性確認シート（共同観察用）

観察した保育施設名 _____　　観察日 _____

子どもたちのグループ/クラス _____　　保育者 _____

観察者 _____

サブスケールと項目					最終スコア
【サブスケール 1】身体の発達のためのカリキュラム、環境、道具や遊具					
項目 1　身体活動を促すための環境空間を作ること					
項目 2　可動式・固定式の設備・備品を含む道具や遊具を提供すること					
項目 3　粗大運動スキル					
項目 4　微細運動スキルを支える体の動き					
【サブスケール 2】身体の発達のためのペダゴジー					
項目 5　保育者が、屋内・屋外での子どもたちの動きにかかわること					
項目 6　屋内・屋外で子どもたちの身体の発達を観察し評価すること					
項目 7　屋内・屋外における身体の発達のために計画すること					
【サブスケール 3】身体活動と批判的思考を支えること					
項目 8　子どもたちの動きに関する語彙を支え、広げること					
項目 9　身体活動を通してコミュニケーションをとり、相互にかかわることで「こども」に考え、深めつづけること」を支えること					
項目 10　屋内・屋外で子どもたちの好奇心や問題解決能力を支えること					
【サブスケール 4】保護者と保育者					
項目 11　子どもたちの身体の発達と彼らの学び、発達、健康により育まれるものについて保育者が家庭に伝えること					

◆参考文献

Archer, C. and Siraj, I. (2015a) *Encouraging Physical Development through Movement-Play.* London: Sage.

— (2015b) 'Measuring the quality of movement-play in Early Childhood Settings: Linking movement-play and neuroscience'. *European Early Childhood Education Research Journal*, 23 (1), 21–42.

Australian Children's Education & Care Quality Authority (ACECQ) (2014) *Guide to the Education and Care Services National Law and the Education and Care Services National Regulations 2011.* Online. http://tinyurl.com/j28uxcc (accessed 30 June 2016).

Barker, T. (2016) personal conversation with the head of Agar Children's Centre, August.

Birch, L.L., Parker, L. and Burns, A. (eds) (2011) *Early Childhood Obesity Prevention Policies.* Washington, DC: National Academies Press. Online. www.nap.edu/catalog/13124/early-childhood-obesity-prevention-policies (accessed 30 June 2016).

Blaire, C. and Diamond, A. (2008) 'Biological processes in prevention and intervention: The promotion of self-regulation as a means of preventing early school failure'. *Developmental Psychopathology,* 20 (3), 899–911.

Bowman, B.T., Donovan, M.S. and Burns, M.S. (eds) (2000) *Eager to Learn: Educating our preschoolers.* Washington, DC: National Academies Press. Online. www.nap.edu/catalog/9745/eager-to-learn-educating-our-preschoolers.

Burchinal, M.R., Cryer, D., Clifford, R.M. and Howes, C. (2002) 'Caregiver training and classroom quality in child care centers'. *Applied Developmental Science*, 6, 2–11.

Burchinal, M., Hyson, M. and Zaslow. M. (2008) *Competencies and Credentials for Early Childhood Educators: What do we know and what do we need to know?* Enfield, CT: National Head Start Association. Dialog Briefs 11 (1).

Department of Health (DH) (2011) *Start Active, Stay Active: A report on physical activity for health from the four home countries*, Chief Medical Officers' Reference 16306. Online. http://tinyurl.com/lr6zbxy (accessed 26 September 2016).

Goddard Blythe, S. (2005) *The Well Balanced Child: Movement and early learning* (2nd ed.). Stroud: Hawthorne Press.

— (2011) 'Putting the Biological Needs of Children First'. Online. http://sallygoddardblythe.co.uk/putting-the-biological-needs-of-children-first/ (accessed 26 September 2016).

Hannaford, C. (1995) *Smart Moves: Why learning is not all in your head.* Weaverville, NC: Great Ocean Publishers.

Harms, T., Clifford, R.M. and Cryer, D. (2003) *Infant/Toddler Environmental Rating Scale-Revised (ITERS-R).* New York: Teachers College Press. （＝2009年、埋橋玲子訳『保育環境評価スケール②乳児版［改訳版］』法律文化社）

— (2004) *Early Childhood Environment Rating Scale, Revised (ECERS-R).* New York: Teachers College Press. （＝2008年、埋橋玲子訳『保育環境評価スケール①幼児版［改訳版］』法律文化社）

Howes, C., Burchinal, M., Pianta, R.C., Bryant, D., Early, D., Clifford, R. and Barbarin, O. (2008) 'Ready to Learn? Children's pre-academic achievement in prekindergarten'. *Early Childhood Research Quarterly*, 23, 27–50.

Jensen, E. (2005) *Teaching with the Brain in Mind* (2nd ed.). Alexandria, VA: Association for Supervision and Curriculum Development.

Lamont, B. (2001) 'Babies naturally'. Online. http://neurologicalreorganization.org/articles/babies-naturally/ (accessed 26 September 2016).

Macintyre, C. and McVitty, K. (2004) *Movement and Learning in the Early Years: Supporting dyspraxia and other difficulties.* London: Sage.

Mashburn, A., Downeer, J., Hamre, B. and Pianta, R.C. (2010) 'Consultation for teachers and children's langauge and literacy development during prekindergarten'. *Applied Developmental Science*, 14, 179–96.

Maude, P. (2008) 'How do I do this better? Movement development into physical literacy', in Whitebread, D. and Coltman, P. (eds), *Teaching and Learning in the Early Years*, 3rd edition. Abingdon: Routledge.

— (2010) 'Physical literacy and the young child'. AIESEP Conference Paper.

Melhuish, E.C., Phan, M.B., Sylva, K., Sammons, P., Siraj-Blatchford, I. and Taggart, B. (2008) 'Effects of the home learning environment and preschool center experience upon literacy and numeracy development in early primary school'. *Journal of Social Issues*, 64 (1), 95–114.

O'Callaghan, R.M., Ohle, R. and Kelly, A.M. (2007) 'The effects of forced exercise on hippocampal plasticity in the rat: A comparison of LTP, spatial- and not-spatial learning'. *Behaviour Brain Research*, 176 (2): 362–6.

Panksepp, J. (1998) *Affective Neuroscience: The foundations of human and animal emotions*. New York: Oxford University Press.

— (2010) 'The Importance of Play', interview with Dr Jaak Panksepp in *Brain World*. Online. http://brainworldmagazine.com/dr-jaak-panksepp-the-importance-of-play/ (accessed 26 September 2016).

Pasch, J. (2016) conversation with author, 15 August.

Phillipsen, L.C., Burchinal, M.R., Howes, C. and Cryer, D. (1997) 'The prediction of process quality from structural features of child care'. *Early Childhood Research Quarterly*, 12 (3), 281–303.

Reilly, J.J., Kelly, L., Montgomery, C., Williamson, A., Fisher, A., McColl, J.H., Lo Conte., R., Paton, J.Y. and Grant, S. (2006) 'Physical activity to prevent obesity in young children: Cluster randomised controlled trial'. *British Medical Journal,* 333: 1041.

Siraj, I., Kingston, D. and Melhuish, E. (2015) *Assessing Quality in Early Childhood Education and Care: Sustained Shared Thinking and Emotional Well-being (SSTEW) Scale for 2–5-year-olds provision*. London: Trentham Books. （= 2016 年、秋田喜代美、淀川裕美訳『「保育プロセスの質」評価スケール：乳幼児期の「ともに考え、深めつづけること」と「情緒的な安定・安心」を捉えるために』明石書店）

Siraj-Blatchford I. (2009) 'Conceptualising progression in the pedagogy of play and sustained shared thinking in early childhood education: A Vygotskian perspective'. *Educational and Child Psychology*, 26 (2), 77–89.

— (2010) 'Teaching in early childhood centers: Instructional methods and child outcomes'. In Peterson, P., Baker, E. and McGaw, B. (eds) *International Encyclopedia of Education*, vol. 2, 86-92. Oxford: Elsevier.

Siraj-Blatchford, I., Sylva, K., Muttock, S., Gilden, R. and Bell, D. (2002) *Researching Effective Pedagogy in the Early Years (REPEY):* DfES Research Report 356. London: DfES, HMSO.

Sylva, K., Melhuish, E., Sammons, P., Siraj-Blatchford, I. and Taggart, B. (2004) *The Effective Provision of Pre-school Education (EPPE) Project, Final Report: A longitudinal study funded by the DfES, 1997–2004*. London: Institute of Education/Department for Education and Skills/Sure Start.

Sylva, K., Siraj-Blatchford, I. and Taggart, B. (2010) ECERS-E: *The early childhood extension rating scale curricular extension to ECERS-R*. Stoke-on-Trent: Trentham Books.

Van Praag, H. (2009) 'Exercise and the brain: Something to chew on'. *Trends in Neuroscience*, 32 (5): 283–90.

World Health Organization Europe (WHO) (2007) *The Challenge of Obesity in the WHO European Region and the Strategies for Response*. Online. http://tinyurl.com/zgeolse (accessed 4 September 2016).

— (2010) *Global Recommendations on Physical Activity for Health*. Online. http://tinyurl.com/glgn8dk (accessed 4 September 2016).

— (2013) 'Obesity and Overweight', Fact Sheet No 311. Online. www.who.int/mediacentre/factsheets/fs311/en/ (accessed 26 September 2016).

— (2016) *Report of the Commission on Ending Childhood Obesity*. Online. http://tinyurl.com/jkpds9l (accessed 26 September 2016).

日本の保育現場で
本書の知見をどう活かすか

安家周一
（あけぼの学園理事長・園長）

桶田ゆかり
（文京区立第一幼稚園長）

松嶋洋子
（千葉大学教育学部教授）

秋田喜代美＝司会
（東京大学大学院教育学研究科教授）

（2018年1月29日、於：東京大学大学院 教育学研究科 第三会議室）

●自己紹介

秋田▶今日はよろしくお願いします。司会の秋田です。

安家▶安家です。私は、大阪の私立幼稚園の園長をしております。そこは今、認定子ども園の幼稚園型と乳児保育所が合体していて322人の園児がいます。他にも社会福祉法人を40年前に豊中市で立ち上げて、豊中市初の民間保育所をスタートさせました。今現在は社会福祉法人が5か所、約600人の子どもが通っていて、スタッフが合計250名の二つの法人の責任者をしています。設立当初は保護者との問題、子どもたちのケガや病気の問題などに日々苛まれているという状況でした。41年目の仕事に入りましたが、まだまだわからないことがたくさんあって、行きついた感はなく、もう少し仕事をしないといかんかなと思っています。今日は楽しい話し合いになるかと思っています。どうぞよろしくお願いします。

松嵜▶千葉大学の松嵜です。よろしくお願いします。私は現場の保育者ではなく、研究をしています。例えば、中野区の幼児教育施設ではケガが多いことから、中野区の協力のもと身体能力測定の調査をしました。先生方に聴き取りをすると、かなりの先生方が広い公園にはお散歩に出かけて行って、公園で走るということをしていました。しかしボールを使った遊びは、保育園の中でなかなかできないとか、使わせていないというところが多くて、実際に投球の数値が悪いことがわかりました。これらの結果をお伝えするにしても、日々先生方もお忙しくて、やはり知っている遊びや子どもたちが好きな遊びをすることが多いようなので、それらの遊びで抜け落ちてしまうものをお示しできればという思いから「運動遊びプログラム」という冊子を作成したりしています。

　冊子の一部になりますが、日常の保育ではなかなかできにくい動きの遊びをみていくと、ボール遊びや、マット遊びが挙げられます。実はマット運動は、手をつく、全身を支える、転がるなど、色々な動きを補うことができます。実際にこれらを園で取り入れていただくと、数値の上昇や、外遊びが苦手な子、体を動かすことが得意でない子がこれらの活動や他の活動にも積極的になったという結果が出ました。このように多くの保育園や幼稚園と関わりながら勉強させていただ

いています。

桶田▶文京区立第一幼稚園長の桶田です。私は新宿、板橋と都内を異動し、文京区は21年目になりますが、同じ区の公立幼稚園でも地域差を感じています。本園に着任して、一番違ったのはケガの多さです。人数はそんなに変わらないのに、ケガの数は倍でした。私は安全教育にずっと取り組んできて、特に園長になってからは、ケガを防ぐという視点でケガの集計を行い、担任としてすべきことを集

計から読み取り、考えてほしいと思って提示しています。例えば、この子のケガが増えたのは、前より体を動かして遊ぶようになったからだねとか、相変わらず転ぶねとか、何時頃ケガが多いねなど、クラスの実態を把握し、保育につなげてほしいからです。前園では転ぶと膝と肘のケガが多かったですが、今の園は頭、顔ばかりです。この違いの意味、転んでも手が出ないのはなぜかということを受け止める必要があります。

また、保護者も幼稚園での遊びの重要性は理解していますが、子育てが人任せになってきました。園が終わり、家庭や地域では自由に体を動かして遊ぶのは無理だろうからと園庭を開放していますが、幼児につきあって園庭で遊ぶよりも習い事があるからと帰られます。プールや体操など体を動かすことも習い事です。保護者の考え方や生活の仕方が運動や体力に影響していると最近すごく感じているところです。

秋田▶ありがとうございます。やはりそういう状況が日本だけではなく、色々な場所で問題視されているからイギリスでも本書のようなスケールが作られたのだと思います。著者のイラム先生は、最初は知的なものだけでなく、社会情動的な非認知スキルと言われるものが大事だと思いスケールを作られたけれど、やはり乳幼児期の体の問題はすごく大事なので、そこが抜けているというのはいけないのではないか、乳児期にはバランスが必要だと切実に思われてこのスケールを作られたというお話をしていました。

今日は、この『「体を動かす遊びのための環境の質」評価スケール』について、当然、文化によって違う部分もあるとは思いますが、読まれてどんなことを感じられたのかを率直なお話を伺いながら、また読者の参考となる視座もいただけたらと思っています。私たちはこのスケールを文化も違う日本の中ですぐに取り入れてやってくださいとは考えておらず、

振り返りをするための一つのヒントとして考えていけたらと思っています。

　まずは運動遊びも色々とやってこられている安家先生からお願いします。

●本書を読んでの第一印象

安家▶40年前に私がこの業界に入ったときに、甲南女子大学の教授をされていた水谷英三先生*という方がおられました。当時、非常に珍しい「幼児体育の専門家」と標榜なさっていて、興味のある人をご自宅に呼んでゼミを開いていました。水谷先生はサーキット遊びと呼んでいた、子どもたちが自発的に色々な道具をこなしていく遊びを提唱されたり、アメリカに渡られた際、第二次世界大戦で使ったパラシュートを使って大きな広場で子どもたちが遊んでいる様子を見て、それを日本に持ち帰り、ひかりのくにに頼んでパラバルーンを作って広めた方です。先生と知り合い、親しくさせていただき、色々な行事の体育遊びを教えていただきました。先生の活動に関わる中で、子どもたちは動きながら学ぶ、体を使い、かかわりながら学んでいくといった一番ベーシックな考え方を学びました。座して学ぶのではなく、動いて学ぶ。その中に活動、運動が位置づいていたりするのだろうと思います。

　うちの幼稚園は、当初は敷地が400坪くらいで、子どもたちが活動をする場所はそんなにありませんでしたが、周りの協力のもとで徐々に園が大きくなっていき、現在は900坪あります。だから狭いときと広いときの経験、両方とも持っているので、子どもたちの運動量を比べることができます。やはり園庭が狭いときの子どもたちの運動の量と今現在の量を考えると、圧倒的に違います。今は、敷地の中に庭があり木がたくさん植えてあるためジグザグに白線を引いておくと、朝から子どもたちが勝手に走り出します。その様子を見て、フリーの先生が何周走ったのかを記録し始めました。子どもたちはマラソンカードを身につけて走り、何周走ったのかを自己申告します。徐々に年長が走り出す、年中が走り出す、年少も一緒に走り出して、先生たちも一緒に走り出し、ハアハア息切らし合っており、これは狭かったときには起こりえなかったことだと思います。

　広くても意図性を持ってかかわること、体をいかに動かせるかを考えることが必要だと思います。狭い場合はより意図的に色々と工夫しないといけないと思いますが、その逆もしかりです。県外から見学に来られた先生は、自分の園の敷地は何千坪もあるがただ広いだけで何の使い道もない、とお話をされますが、それは

---

* 1970年代に、パラバルーンやサーキット遊びなど幼児のための体育指導法を開発し日本の幼児体育に大きな影響を与えた研究者。

違うと思うのです。つまり、こちら側の思いや教育に対する理念をいかに環境の中に落とし込んでいくかが大切だと思います。ここにもありますが、環境の質を良くし、運動のカリキュラムをどう組み立てるかというのは、すごく大切な要素だと僕もずっと思っています。

　うちの園では、これらの考えを大事にして保育をしていますが、特に「子どもにはケガをする権利がある」ことを保護者に伝えています。保護者の中には神経質な方もおられますが、少々のケガは許容くださいます。ある時子どもが大きなケガをしました。翌日園でそのお父さんにお会いしたときに、ごめんね、痛い思いさせたねって言ったら、子どもにはケガをする権利があるんですよねっておっしゃるので、そうなんですよって。ある意味、園の思いを保護者の方に理解していただき、親も少し我慢できるような態勢を整えながら、自由な環境に子どもをかかわらせることが、少しずつできるようになってきています。

　他にも園庭のない0、1歳の保育園もやっていたことがあります。結論は0、1歳でも園庭がないとダメです。しかし、厚生労働省の最低基準では必要はないとしています。そのため、環境としてはすごく考えないといけないし、きっと意図的にやらないと、子どもの育ちは難しくなるのではないのかという危惧を持っています。

秋田▶その意図性を考えていくことがとても大事ですね。

安家▶だから環境があればいいというものではありません。環境がないから考えるということはよく出ますが、それも意識があれば、の話です。反対に環境はあってもこちら側の思いがなければ何の利用もしない。例えば、先程、投球の話がありましたが、投げるという行為もやらないとできません。生得的に持つ能力ではないのです。でも公園は野球禁止、サッカー禁止。じゃあどこでやれるのとなると、やはり園で意図的にボール投げができる環境を作らないと、経験はできないですよね。

秋田▶意図性をどう作るかみたいなところが、グローバルな課題になっていると思うのですが、松嵜先生、どうでしょう。

松嵜▶日本では運動遊びや体を動かす遊びが一つの活動として認められてきています。諸外国でも運動遊びを組織的に捉えて、活動量や運動量などの色々なガイドラインが出ており、動いていないことは問題だと言われています。今、何千歩歩いたかといった単純な歩数ではなく、中高度の運動強度という概念が出てきています。

　例えば鬼ごっこしているとき、息が上がりますよね。そうすると運動している時間はそれほどないけれど、運動強度は高い。つまり、どのくらい体を動かすかという時間と量と質とを考える必要があ

ると言われています。運動の時間を保障するガイドラインは色々とありますが、ただ体を動かせばいいものではありません。どんな遊びで、どんな活動をするか、またどんな環境を準備するかが必要なのだと思います。そういう動きをするときに、前回りができる、ぶら下がるなどの、単体の動きだけではなく、一連の動きとして捉えており、このスケールは知的、情動的、社会身体的な発達と三つ重なりあっています。また、ただスキルを獲得するためというものでもありません。スキル獲得というと、その延長線上には体育的な考え方、つまりスポーツの訓練と捉えられがちですが、本書では遊び、保育活動の中のスケールとして捉えられており、拝見して嬉しくなりました。もちろん日本の保育とは事情は違っていますから、そのまま取り入れることがよいわけではないと思っています。

　さらに体を動かすことの言語化をしている点はすごいと思います。それから日本の保育が弱い「批判的思考」の点も面白いと思いました。環境を作ることと、保育者のかかわりの両方がスケールとして出ているので、カリキュラム自体を考えていくうえでの一つの道筋というか、スケールになると思い、日本でもやはりこういう枠組みで捉えていくことが、今後必要だと思いました。

秋田▶私も読んでいて、動きを言語化すること、語彙を持つことが、子どもの意識化につながるのだと思いました。言われれば当たり前だけれど、色々な動き方をしながら語彙を獲得していく。言葉と体の関係を子どもが実感するということがすごく大事かもしれないですね。先生たちが無自覚にやっていることを意識してやるといいのかなという感じを受けました。これは一方で遊びでの感覚とは異なり、スケールになるとイメージの部分が見えにくくなると思ったのですが、桶田先生はいかがですか。

桶田▶最初これを読んだときに、先生たちの教科書になると思いました。自分の保育に何が足りないのだろうと見ていくときに、本当にわかりやすいと思いました。園にある年間指導計画の中で時期の横の並びは書いてあっても、その日その日をどう過ごすのかということに関して、若手の先生はやはり悪戦苦闘しています。

　本書では、「最低限」という言葉を使っているところが興味深いです。あなたたちがやっているのはまだ最低限のことで、先輩のお姉さんたちはその上を行っている。こういうことが違うのよと、指導計画では出てこない、違う深い見方というのか、何が足りないのかを気づく面白い視点をもらえると思いました。

　ただ難しいのは、翻訳や文化の違い、保育特有の言葉でもあると思いますが、伝わりきれない言葉があります。例えば「発達にふさわしい」と書いてあっても、経験の浅い若い先生たちには、どういう

ことなのかは具体的にはわからない。他には「丁寧にかかわる」とか、「機会を持つ」などの援助です。保育には、わからないのが文化、経験を積んでいくとわかるようになる経験知みたいなものがあると思います。しかし、そこを意識化して、わからないのだけどやっていくのはよいと思います。それから先ほどお話が出た語彙や言葉という視点も、言葉のやりとりは運動的な活動を通しても盛んになるという感覚は以前から持っていましたが、動きと言葉の意味の理解がつながるという側面は改めて考えさせられました。また、保育者と保護者という項目があって、保護者がしっかりと捉えられていると思いました。そして自分だけがやるのではなく、保護者を巻き込んでいかないとできない部分もあるという点も併せて良い視点を色々ともらったなというのが最初の印象でした。

秋田▶私はワークショップにも参加して、丁寧にかかわるとか、深さの評価をどう判断すればいいのかとか、確かに難しいところもあるなと感じました。今までのお話を聞きながら安家先生どうですか？

●日本の生活に根ざした保育

安家▶これは、日本でもすごく大切にされている能動性とか、楽しさとかが必ずベースになっていないといけないだろうと思います。だからプログラム通りに子どもが進んでいることを良しとするのではなく、子ども自身がプログラムに能動的にかかわって、みんなと話し合いながら、もっとこうしたら面白いよね、こんなもの使えるかなとか、子どもたちがアレンジメントしていき、発展的に広がっていくような遊びにどうつなげていくかはベーシックな部分にありますよね。また本書には、最低もあるけど、不適切もあります。それはベーシックなものを理解した上で、それを土台にいかに豊かな遊びや活動、生活にもっていけるかということだと思います。例えばうちの保育園は、食事が終わると最年長の子たちが机と御座布団を片付けます。そこから走り拭きが始まります。これが見事に走り拭くわけですよ。足の動き、手の動き、バランス、けっこうバランスとるのが難しいです。下手すると顔を打ってしまいます。それがまあ、年少、年中のときからずっと上の子たちの様子を見ていて、自分たちが年長になったら走り拭きをするというのが伝統になっているので、それを1年間やり続けることによって、子どもたちの足だとか手だとかの体の粘りみたいなものが培われます。正座がいいか悪いかの議論はありますが、やはり正座でご飯を食べることによって姿勢はよくなります。そこの意図的なものをこちらがイメージしながら子どもたちの生活の中にそれを織り込んで、決して苦行を強いられるのではなく、楽しみの中でそ

れをやっていく。こういうものをベースにすると、日本における生活保育のようなものにつながると思いました。

秋田▶安家先生のこういうものをベーシックとして頭に入れながら、園らしい生活にしていくというのは日本の良さですよね。ただ、それをどうアレンジしていったら良いでしょうか。これは園長先生のお仕事と見られがちのようにも思います。

安家▶園長の仕事というよりは職員が面白がることが大事だと思います。例えばタカオニをします。これは4歳の終わりごろから出てくる集団でルールを理解しあってやる遊びの一つです。年長の今頃になってくると、友だちがタカオニをしているところへ、タカイロオニしようと言い出します。タカとイロが混じったものになります。ここでは3歩は許そうとか、色々な発想が出てきて、それを担任やフリーも、それ面白いと言いながら子どもたちを励ましていくと、どんどんアレンジされて、それこそ終わったときにはみんな汗びっしょりになっている。そのときに、その場面で何がどのくらい育っているかのかが見とれれば、知的な部分、情動的な部分、社会身体的な部分がわかるのだろうと思います。

運動的な発達の調査をしてないのですが、園庭が広くなったときに子どもたちの走り方が変わっていることに気がつきました。足が後ろに伸びて、もう、スーッと走ります。本当にきれいな走りをするなって思いました。なので、やはり環境は大きいと思います。園庭に円を描くだけで、自然とリレーが始まりますから。それは苦行やトレーニングとしてやっているわけではなく、遊びとしてやっています。純粋に楽しいからやるのです。そこがやはり我々の視点として外せないと思います。

秋田▶基礎や環境や子どもが始めたものをうまく認めながら、先生たちも面白がる、そういう文化を作っていくことが大切ですね。

安家▶そのようなことが励まされる振り返りだったり、ミーティングだったりをするよう努めています。今日こんなことがあってねとか、今回の要領や指針の改定・改訂にある10の姿ではないのですが、例えばすごく楽しんでいるときの写真を撮ってその写真の周りに10の姿を並べて1日10分くらい、その振り返りをやってみることをしています。何がどんな風に育ったかとか、この部分すごく伸びているとか、みんなで語り合います。だから子どもたちにしてみたら自然な環境の中で自分たちは豊かに楽しく遊んでいるという状況から、何が育っているかを我々が見とっていくのです。ねらいに向かって子どもを追い込んでいかないことが大切だと思います。本書では、特にペダゴジーと呼ばれる教育方法のところまで踏み込んでいる点は、考えさせられ

ます。教育論なんかもそうですが、これまでは割と我々に任せられて表現されていなかった部分だと思いました。

秋田▶その点を基本として持ちながら、園ならではというところにもっていけるかということだと思います。プログラムを作成された松嵜先生もきっとこれをそのままやるだけではない工夫とか、こういうスケールと生活をつなぎながら見ていく、そこに日本の保育の良さがあるとお考えだと思いますがいかがですか。

松嵜　先生方の意識やイメージの中で運動は難しいととられがちで、すべての先生が考えてやっているかというと、現実は難しい園も多いです。例えば他の活動に関しては子どもの意欲、関心、興味を受け取りながらそれらを広げていくことは多くなされています。しかし、こと運動とか体を動かすとなると、いきなりピーッと笛が出てきたりします（笑）。

　また、まずルールありきで考えて、これは守らせないといけないといったルールを厳守することを子どもに要求したりすることもあります。それまで他の遊びだとすごく子どもたちの気持ちを汲みながら子どもたちと作っているにもかかわらず、運動となったとたん、「ピッ」て変わってしまうとすごくもったいないと思います。実際は、小学校以上の教科体育が変わっているにもかかわらず、先生方の中に昔の体育のイメージが強くて、それをやらなくちゃいけないというよう

な呪縛みたいなものがあるように感じています。だから先程のイロオニとタカオニを組み合わせた新しい遊びをしようという風にはなっていきにくいです。

　例えば、鬼ごっこで、捕まらないから鬼の数を何人に増やすか、について話し合っていたときにも、先生のほうで鬼は3人にします、と宣言してしまうことがあり、それはもったいないと思いました。MOVERSでは保育者と子どもで作っていくようなサブスケールがあり、やりながら子どもを見とるというのが前面に打ち出されています。体を動かすことは保育の中で、例えば歌を歌ったり、絵を描いたり、造形をしたりと同じような位置付けで、子どもの姿や実態を見ることは大事だと思います。そこから広がることで、子どもの動きの視点を獲得するとともに、子どもの動きを見とって保育を組み立てていくカリキュラムに変わっていくのではないかと思いました。

　語彙に関しては、スポーツオノマトペというのが昔からあります。ヒュッってするんだよと言ってやらせてみると、ヒュッて投げられるようになったり、ただ「ジャンプして」と伝えるだけでは難しいことが、「ピョンって跳んでごらん」と言ってやらせてみると、途端にピョンピョン跳べるようになったりする、といった具合です。これは日本の事例の中にたくさん見られると思います。無意識に使っているそういうものを、もう少し語

彙の観点から見直すと共有化もされやす
いですし、動きと言葉がリンクすると、
よりよい動きになります。そういう言語
的な環境というのも実は運動の中でとて
も大事なことだと思います。

秋田▶よりよい動きというのは、全員一
斉にやらされているとどれがいいかもわ
からないけれど、みんなが自由にピョン
ピョン跳んでいると、やっぱりきれいに
跳べる子と、色々なバランスの子が見え
てきます。そして、ああいうふうに跳び
たいというのが子どもなりに見えてくる
と、きっとよりよい動きというのは先生
が教えなくてもやってみたくなるのでし
ょうね。

●子ども一人ひとりの発達を保障する

安家▶跳び箱が3台置いてあって、3列
に並んで、1回跳んだら自分の番が来る
まで待っているというような、そういう
悪しき体育のイメージは、幼稚園や保育
園の保育の場にあります。運動遊びの場
合だと、まずルールを教えて、抜かして
はいけない、友だちをひっぱってはダメ
とか、それらを一通り確認してから、さ
あ始めましょうとなる。そのときには子
どものやりたい気持ちの熱は冷めていま
すよね（笑）。また、全員が鉄棒の前に
並ばされて、皆が見ている中で前回りを
するといった、できない子にとっては、
ちょっと拷問みたいな感じがありますね。

僕は、幼児教育は到達目標があるわけ
ではないので、例えば鉄棒がクルクル回
れている子がいてもいいし、それをずっ
と眺めている子がいてもいい、結果とし
て園ではできない子がいてもいいと思い
ます。そうすると、小学校の先生からは
幼稚園で鉄棒やらなかったんですかと聞
かれます。環境はありましたが、やった
子もいれば、やらなかった子もいますと
答えます。いつも言われるがままにして、
嫌いになったらそこで終わりなのだから、
大人は子どもが能動的に楽しそうだと思
うところまでにしておき、やるかやらな
いかはその子が決めるということを徹底
するような体を動かす遊びがよいと思い
ます。

松嵜▶運動は他の活動と違って、できる
とできないの結果がはっきりとわかりま
す。縄跳びを跳べたか跳べないかは自己
評価ができます。だから運動に関して、
みんなができることしかさせない園文化
が一方であります。例えば、「投げ上げ
キャッチ」というのがあります。自分で
上に投げて自分で取る、といったことを
園に投げかけると、できる子とできない
子が出てしまい、よくないのではないか、
と保育者から言われることがあります。
実際やってもらうと、投げられる子はも
のすごく上に投げますし、あまり投げた
ことない子は3センチくらいしか投げま
せん。そうするとできる子とできない子
の差があるように思われるのですが、そ

の次どうするかというと、3センチの子は5センチ投げてみるのです。これならできる、もうちょっとやってみるかな、というように、何度も何度もやっていく。今までやってなかったからできなかっただけで、これを10回繰り返せば、できない子は自分の能力に合わせてできるようになります。先ほどのお話にもありましたが、できる子はもっと上に投げたくなります。ボールは繰り返し経験することでだんだん上手になります。

　また、一緒にやっているので、他の子の出来を気にするより自分の達成が気になります。子どもはここまでできるようになったという自分の伸びに着目していて、その伸びが次の意欲につながっていました。一つのゴールに向かってやっていくのではなく、それぞれが自分で自己課題を設定してやっていくということが自分の伸びにもつながります。やはり能力的な面、経験的な面はあるので、得意な子もそうでない子もいます。乳幼児期に関しては運動経験の違いだと言われています。幼稚園とか保育園とかそういう場で教育の一環として環境を作っていくこと、つまりまったくやったことがない、あるいはやりたくない、やれないと感じている子どもが、これならやってみようかなと、最低ラインを保障する環境を作ることが大事なのかなと思います。

桶田▶今の話を聞いていて、運動ではないのですが、ある園長から聞いた話を思い出しました。3歳クラスの先生が鯉のぼり製作のときに、全員全く同じものを作らせたそうです。園長が担任の意図を聞いたところ、「できが違うと子どもたちが心配になるし、保護者も他児と比較して出来を気にする。私は安心したクラスを作りたいんです」、と答えたそうです。その園長は担任に、「それは違うよね、それぞれの違いを認め受け入れて、違っていることを安心して出せるクラスにすることが大切」、と話をしたそうです。縄跳びできる子も、鉄棒できる子も、コマできる子も、カルタできる子もいていいよという、やはり安家先生の言う基準をしっかり伝えていかないと、やらなきゃいけないになってしまうと思います。

　もう一つは、先生方に必要感を持って取り組んでほしいと思います。運動は、活動をする必要感がないとやらないですよね。環境に意味を持たせるということが必要だと思うから取り組むのであり、どうしたら子どもたちが楽しく体を動かせるかな、といった子どもたちにとっての必要感を持たないと楽しくもないし、環境を作っていかないだろうと思います。例えば、うちのような園庭の狭い園では、園庭で3、4、5歳が一緒に遊ぶことは危ないので、うまく住み分けて遊ぶ必要があります。また例えば、狭いのでドッジボールをやったコートの線を残しておいて誰かが遊ぶときはいつもそこを使えるとか、5歳児の姿を見ていた4歳児がそ

こを使うようになる、という遊びの伝承ができません。毎回、遊び方や場の作り方を担任が子どもたちに1から伝える必要があります。担任が意識や必要感をもたないと、子どもたちの経験としては入っていかなくなります。つまり、狭い園庭では、狭いなりの環境の中でどう体を動かすか、何があったらいいのか、邪魔しない自由に使えるものをどう置いておくべきなのか、を若い先生とともに考え伝えていくことが大事になります。その意味でこのスケールは環境だけではなくて、人とのかかわり方が入っているので、それがすごくありがたいと思いました。やはり若い先生は、多様な環境を用意するという文章は書けますが、自分がそこでどうかかわって、子どもたちをいかにその気にさせるかという、保育者の動きはなかなか援助として答えられません。環境と子どもたちの動きと保育者の動きをイメージすること、その部分を先生たちが振り返ることができる大事な要素がこの本では捉えられていると思いました。

●様々な動きと環境への意識

安家▶園庭の広さを抜きにして、僕はこの園庭には動詞がいくつありますか、と尋ねるようにしています。この庭にいくつの動詞があるかに保育者が気づけるか。気がついた分しか子どもにはかかわれないし、子どもに促すことはできません。

例えば、跳ぶ、走る、とあげていきますが、七つくらいで大抵詰まります。そうすると、その保育者は七つしか子どもが見えないし、許容できない。保育者は子どもに、跳べたね、くぐれたよねって、語彙として伝えるとしても七つしかないわけです。それが15言えるとまた違ってくるわけです。僕は狭くても動詞をしつらえることは環境を意味として拡張し得るものだと思います。また、園庭が狭い場合は、平面だけではなく、登るとか、立体的にいかざるをえません。うちも狭かったときは上に、上にと広げていきました。子どもたちが登っていけるように、4メートルのところにツリーハウスを作るなど、色々とやりました。おかげさまでそこでは大きなケガはなく、子どもたちは遊べたわけです。

また別の話になりますが、年長は運動会にリレーをやります。あるクラスの少し太っていた女の子は、走るのが速くないと本人もよくわかっています。だから「私は走らない」とずっと言い続けていました。しかし、他の子どもたちは全員30人で参加したいという願いがあるわけだから、その子をどうしたら走らせられるのかとみんなでいつも話していました。何て言ったら走るか、どの順番なら走るか、当日まで試行錯誤を続けた中、結果的には走ってみんなで涙していたわけですけどね。運動会後、園庭に丸いラインを引いてマラソンのように走ると平

気で走るんですよ。みんながグルグル走っているから。誰が一番かも、誰が何周かもわからない。だからこの子も気楽に走るわけです。つまり、順位を決めたり、できる、できないが問われるのではなくて、やはり走ることは楽しいんだ、という雰囲気が園の中に満ち溢れているのがいい。速い子がいてもいいのだけど。走るのが速いのは遺伝ですからね、と保護者には言っています。子どもには責任はありませんと（笑）。

松嵜▶幼稚園での活動を観察して分類した動きは、84種類あります。他には山梨大学の中村和彦先生は36種類と言っています。そういうのを見ていくと遊びの内容によってできる動きは限られています。例えば走るですが、前に向かって走るもあるけど、回避という移動もあり、それは鬼ごっこのような遊びのみでみられます。まっすぐ走るのは速度や瞬発力だと思いますが、鬼ごっこで使用する回避の走りは、単に速く走れるだけではありません。物とか人の動きと自分との関係を捉えて走るわけです。やはりそういう要素も入れていくと色々な走り方や跳び方も大事になってきます。

桶田▶状況を理解することは大事だと思います。この間、ドッジボールでの子どもの動きを見ていたら、子どもたちなかなか投げないんですよ。でも、状況を見ながら、みんなが動き回る。これはやはり4、5歳の姿だなと感じました。

松嵜▶子どもたちには競いたい、速く、遠くまで投げたい、などの気持ちが本来備わっているものだと思います。だからそれは大人が刺激する必要はありません。その代わり大人は別の指標をもったほうがいいと思います。キミ、速いね、と言わなくてもみんなわかっているわけだから、そうではなくて腕が大きく振れているねとか、別の言葉を持ったほうがよいです。子どもたちは放っておいても競うと思います。

　先ほどのボールを上に投げる話の続きになりますが、ある園に伺ったときに、そこはボールの数がそれ程多くはない園で、でも私が見学に来るので、ボールを全員分用意しなきゃというので園中にあるボールを全部集めました。そうすると乳児のスポンジボールからドッジボール、カラーボール、それでも足りなくてスーパーボールまで集めて、それをみんなで上に投げるというのをやりました。そうすると自分の能力とは関係なく、スーパーボールとかとんでもなく飛ぶわけですよ。

安家▶難易度が違う（笑）。

松嵜▶そうです。大きさも形も材質も違う。でも全部ボールです。だからボールを投げる経験だけではないものが生まれるわけです。子どもたちもボールを投げるうちにだんだんわかってきます。スーパーボールはあまり強く投げてはいけない、スポンジボールは思い切り投げない

といけない、そういう加減が出てきます。そうすると投げる経験とか上手下手とかいう話ではなくて、次は違うものを投げようとか、次はあれを投げたいというように、ボールとの距離が近くなります。これは、上手下手とか、投げる、投げないとかとは違う指標が必要になります。同じ材質のものでやっていくことも一つは大事だと思うのですが、そうではない指標も保育の中に入れていく視点を少なくとも保育者の遊び心として持つ必要があると思います。そうでないと子どもたちの思考も能力主義に傾き、どうしても順位や速さが気になります。そうではない色々な指標を保育者の側が持っていることが大事ではないでしょうか。

桶田▶物や場がない中で知恵を絞ることは大事ですね。

松嵜▶そうです。予算が潤沢にあるから全員の分買いましょう、とやることが幼児教育のベストかというとそうではない。子どもたちが工夫するように、保育者も工夫していくことが子どもの思考を育てていくのだと思います。

安家▶このことは、制作活動においても言えるのではないでしょうか。例えば、行事など園で作った制作物を家に持ち帰ることはよくあると思います。そこで、親が気になるのは、作品の出来不出来です。しかし、保育者はそれぞれの子どもたちがそれぞれの気づきや持つ技量の中で作ることを大事にしていると思います。

だからこそ、子どもたちの出来栄えもそれぞれになりますが、その保育の思いを親に伝えると親は理解を示してくれます。これは一つの例ですが、まさしくこのことを理解してもらえさえすれば、全員の子どもに同じ能力がなくても親は安心します。だから今の話やさっきの多様なボールの話は保育の原点のような気がしており、それらをきちんと評価できれば良いと思います。

松嵜▶この指標の中にも保護者と話し合うというのがあり、まさに必要であると思いました。だから何をしているか、内容だけではなく意図も共有化していかないといけない。桶田先生がお話しされたように、園では遊んでいいけれど、家に帰ったら違うみたいなことではなくて、園と家庭と、それこそ役割は違うにしても一貫したコンセプトがあるといいと思います。

安家▶幅はあっていいと思いますね。親が子どもに病気や怪我をさせたくないという視点を持つ一方で、病気をして強くなることや怪我をして危険回避ができるようになる視点もまたあります。この幅がありながらも、両視点を理解している必要があると思います。

松嵜▶そういうものを保育者がしっかり意識できるかが、大事ですね。

桶田▶また、園がそのことを意識して伝えているかということもですね。

●参加する子どもの育ちを理解し、伝えること

桶田▶運動は難しいと思います。結果が見えるから、他の子と同じようにできるようになってほしいという親の願いが強く働くじゃないですか。

松嵜▶個人差が一番大きいですよね。

安家▶例えば、子どもがジャズダンスを習う目的は多様です。フリフリの衣装を着たくて通う子もいます。ある子のダンスの発表会の後、保護者に、なかなか一所懸命踊っていたよね、と伝えました。すると、うちの子ちょっと向いてないかな、と言うのです。でもダンスしていて楽しそうだったじゃないですかって。みんなと合わせられなくてもいいじゃないですか、と言うと、そうですよねって。嬉しそうに通っているからって。その子はフリフリが着たくて行っているわけだから。衣装のフリフリを着て嬉々と踊るのが目的の子どももいます。そこはわかってやらないと。

遊びでも同じだと思います。子どもによって自分の目標はちゃんとあり、その目標が達成できて嬉しいと思えたときに、それを保育者ができたね、と伝えられると、ものすごく自信になります。

桶田▶その自信って大事ですよね。自信がついてきたことを、その子もそうだし、お母さんにも伝えられるといいですよね。できる、できないだけではない、できな

いと思って前にやらなかっことをやったよねという、そういう気持ちのことを伝えていきたいです。

秋田▶それを若手の先生に対して、例えばその後ろ姿をどうやって見せたらよいのでしょうか?

桶田▶できたねだけではなくて、前はこうだったねという過程、取り組む過程でよく頑張ったということをちゃんと伝えていくことだと思います。また、個々のお母さんにその子の頑張りや関わり方を伝えていくことが必要だと思います。

安家▶例えば、創作会という造形活動の会があり、これまでに描いた絵を全部ファイリングします。ある子は30枚描きました。だけど、またある子は1枚しか描いていません。でもそういうのもありです。ただ1枚しか描いてない子どもの理由をちゃんと担任が保護者に伝え、30枚描いた子どもの絵はどんな意味で描いてきたかを伝えます。これらは個人内評価なので、それぞれの子どもの伸びや良さ、そして課題も保護者と共有し合うことは必要です。だから、ほったらかしはダメです。わかっていながら1枚の子がいてもよいということです。

松嵜▶その通りだと思います。やはり一人ひとりの良さというか、みんなで「せーの」でやらなくていいと思うし、「やりたくなったらやりに来ればいいよね」という形で、そこにいるだけでも参加していると思います。体を動かすこと

は難しいとつくづく感じます。体を動かすことに慣れていない子どもには難しいだろうし、動かし方もわからないし、やはり言語化とは違うのだと思います。行動として表すというのは認識とは異なります。自分のイメージと体の動きが違っていますので、そこを埋めていくためには経験が必要になります。だからまず自分が納得して動きたくなるような環境を作っていくことが必要です。

●体をほぐすこと〜食と睡眠のリズムの大切さ

安家▶例えば、スポーツコンプレックスみたいなものを持っているような親御さんは、男の子ができるとスポーツやらせたいって思います。でもみるからに肉体的にも、根性もない子は、保護者の願いを達成できないことでずっと自信もないまま、うなだれています。過去にそのような子がいました。大丈夫、それでいいよというメッセージをずっと送りながら、彼の呪縛をときほぐすようにかかわってきて、年長になったときに、かなりコンプレックスを克服したけれど、急にそれを壊すのは難しいのだとつくづく感じました。

松嵜▶4歳児の男の子で、お母さんも「うちの子は文化系なの」と言っている子どもがいました。仲間でやるときはいつも見ていたその子が、自発的にプログラムをやりだしたときがあって、そのと

きすごく面白いことがありました。他の子が先生に、「彼がすごく楽しそうな顔をしているね」と言いに来たのです。つまり他の子どもたちはその子のちょっと面白くなさそうにやっている様子や、でもすごく楽しそうにやるようになった様子をよく見ていたのです。多分、その子自身も変わってきているだろうし、他の子どものその子に対する見方も変わっていったのだと思います。当然、子どもに自信がついてくると保護者もうちの子は文化系とは言わなくなります。

だから一つのこの遊びとか、この動きとかではなくて、やはり私は分析的にとらえたほうがよいと思っています。その一つ一つが遊びになるような、それほどハードルが高くないようなものを遊びという形でやっていくことが大切かと思います。例えば、よくリトミックであるようにウサギで歩いてみるとか、カエルになって跳んでみるとかだったら、どんな子でもそれ程難しくはないので、スモールステップで少しずつ上げていく。「さあ、跳び箱やりますよ」、というやり方ではなくて、遊びとして提供していくやり方がやはり保育者の力量だと思います。しかし、その部分については養成のところでも習っていないので、保育者自身がすごくマットが苦手だったりすると、マットは色々な遊びができるのに、子どもを見取っていくことができないでいます。だからそれを保育者自身が子どもの見方、

動きの見方とか、子どもの楽しさから理解していくことが大事なのかなという気がします。

安家▶幼稚園の場合3、4、5歳ですが保育園では0歳から園で生活していると、例えばさっき出たリトミックでは、子どもたちがフロアで体を動かす色々な動きを見聞きしています。小さい頃からずっとやっていくとその子なりに体はほぐれていき、3、4歳になればそれなりになります。でも幼稚園に通う子たちは0、1、2歳の時期は家庭で生活しているわけです。その子たちが3、4歳で入ってくるわけだから、これはかなり厳しい状況だと考えざるを得ないですよね。どちらが良いとか、悪いとかの問題ではなく、経験や環境の差が大きいわけでそれなりの受け入れ態勢はしっかり考えておく必要があると思います。

桶田▶私も異動した年、前年の運動会のかけっこで全部歩いた子がいました。その子の家庭は、きちんとしていて、失敗を許せない感じがありました。子どもも自分は遅く、みんなの前で遅い自分を見せるのができないというのが4歳のときからすでにあり、遊び心をくすぐられていませんでした。

運動会の練習のときに、私がその子の横に付いて、さあ、一緒に歩いちゃおうかな、私をおいてっちゃうの、など色々と関わりながら少しずつほぐしていき、徐々に走れるようになって自信もついて

きました。メンバーとのかけっこも勝ち負けそれぞれを経験していく中で、当日その子は走ることができました。良かったと思っていたら、お母さんは「もう少し距離があっても良かったですね」って。そのとき、お母さんはうちの子走ってくれた、という精一杯の喜びをそういう言い方でしか表現しなかったのですが、それ以降その親子が和やかに登園して来るようになりました。

秋田▶ほぐれるというのも大事ですよね。運動というと力を入れるって思っちゃうけど、体をほぐすとか、リラックスするとか、力の抜き方も子どもは知らないとやっぱりダメだと思います。

桶田▶若い先生も直球が多いので、もう少し見逃したりくすぐったりすればいいのに、と思うことがあります。

安家▶自然に、家の周りに野原や小山があって、夕方まで心ゆくまで遊べた環境があった頃はいいけれど、今は地方都市もそういう環境があっても、子どもたちは遊ばないです。遊んでないから、遊べない。だからやはり施設保育の中で、意図的に環境を考えないといけない時代には確かになっていますよね。食事も家庭に任せておいたらなんとかなる問題ではなくなってきています。

秋田▶食と睡眠も本書に出てきますが、月曜の朝とか子どもが疲れていますよね。

安家▶月曜の朝は、トラブル多いです。

桶田▶3歳のクラスでは、お弁当食べた

後にトイレに行く子が多いです。ようやく腸が動き出すので、トイレ対応の午後の時間は忙しいです。保護者にはちょっとずつ生活リズムの話をしていますが、そういう体のつくりも全然違ってきています。

安家▶うちの園児たちは薄着です。寒い時期でも半袖で来る子がいます。薄着がいいかどうかは別にして、結局体を動かすことで体内から温められないといけないので、いつも動いています。だから昼にはお腹が減って、ご飯をたくさん食べます。だから活動と食と睡眠のリズムも大切だと思います。

●まとめ──子どもの身体を育てる環境とは

秋田▶そろそろ時間がなくなってきたので、MOVERSも含めて子どもの身体を育てていくための環境について何かお話いただけたらと思います。

安家▶私たちの専門性としては園の保育の組み立てにMOVERSが参考にはなりますが、やはりこれだけでは総合的に考えられません。子どもの全人格、全体を考えたときに家庭生活だったり、親の考え方だったり、我々とのマッチングだったり、色々なものが大切になってきています。これは認定こども園化が進み、長時間園で預かる子たちが増えてくる一方で、子どもの生活はどんどん貧困になっており、親とのかかわりをより強くして

いく必要があります。僕らは育ての共同体と呼んでいますが、そういう共同体づくりを本気でやらないといけない。保護者が経済的にも時間的にも厳しくなり、余裕がなくなると受容する力も弱ってきますからね。

大きい話になってしまうけれど、幼い年齢の子どもの保護者の働き方を考える必要があります。無償化にしたら長時間の子がどんどん増えますが、子どもの環境がこれ以上良くなるわけではないので、総合的な環境の構成、教育・保育の質の担保は考える必要があると思っています。そのためにも、保護者と園の共同体をもう少し丁寧に作っていかないと全体の環境をきちんと保障することにはならないだろうと思います。各園では、庭のない保育園もあり、狭いところもあり、豊かなんだけど意図性のないところもあり、駅中の保育園もあり、多様ですから園ごとに専門性を持って考える必要性を感じています。

桶田▶私は、若い先生の育成が大事だと思っていますが、働き方改革と言われている今、時間の確保が難しいです。しかしMOVERSのような良い指標があるので、これを使ってOJTで何かできないのかと考えています。

保護者に関しては、やはりお母さんたちそれぞれに必要感、その気になってもらうことが大切だと思います。まだまだ学力、知識が優勢で、小学校の改訂を知

ると、英語になるとか、なんとかプログラムが始まるとか焦って、そちらの対策をしようとします。また、体力がなくなっているという話が出ると、やれスイミングだ体操教室で鉄棒習わせなくちゃと、お母さんたちの中でそういう何か先取りをしないと安心できない方々が多いように思います。しかし、運動は心も体も頭も育てますので、何か特別なことしてもらわなくていいから、せめて園までの距離が近いなら歩いて来てみるとか、ちょっと広いところがあったら一緒に走ってみるとか、階段を使う、蛇口をひねるといった便利過ぎない生活を毎日やれば全然違うと思いますので、そういった身近にできることを伝えていきたいです。

松嵜▶MOVERSには、「能力のある動き手になっていく」という文言があって、やはりそれはすごく大事なことだと思います。運動は、自分が思っているイメージのように動かせるようになっていく過程で、動きの多様化と動きの洗練化がなされていきます。乳幼児の場合、ボール投げは巧みさと速さが一致していません。しかし、経験を積み重ねていくと、次第に体の動きは定着していくようになります。ですからこの時期に速さと巧みさの両方をイメージすることが大事だと思います。

　つまり自分がイメージしたように体をコントロールできることが大事です。頭を使いながら体を使っていくという、自分が思った通りにコントロールできるというのは自信になり自己有用感を得ていくので、ただ速く走るとか、ただ力任せにではなくて、コントロールすることで柔軟性を生み出す必要があります。体の柔軟性は心の柔軟性につながると思います。また、体の使い方というのは対人関係や、体が使えるだけではない色々な部分に寄与しているので、環境を工夫することは大事で、特に保育者の側が環境に何をねらって、どういう動きをしてほしいかに注目しながら環境を作っていくことが大事だと思います。それによって自分たちが思っている指標だけでない指標、つまり友だちからの目や、自分を自己評価する目、社会とのかかわり方などを見るきっかけになると思います。

秋田▶ありがとうございます。やはり体幹をきちんと育てていくことが、知的な部分もそうですし、対人的な部分にもかかわるのだと私も思います。先日に京都で保育を見てきました。雪が降っていて、室内で一本足の下駄をやっていました。これまでとは違う業者から安いものを購入したようで、子どもたちの様子を見ていると、今年のは音が違うとか、本物は乗るのが難しいのにこれは乗りやすい、と言いながら、だんだんできる子どもたちが増えていきます。そうすると子どもたち自身が跳び箱を持ってきたり、斜めにしたり、工夫をしだすのです。子どもたちは保育室、ベランダ、園庭を使いな

がら自分たちで考えて環境も一緒に作っていきます。本書のそれぞれの項目をふくらますことで、運動の環境というのもいろんな場所でいろんなバランスが生まれるのかな、と思います。今の一本足の下駄もそうですが、日本の文化の中にあるオノマトペなんかもこのスケールとつなげていくことで、日本の奥の深い保育につなげていける可能性を、先生方のお話をお聞きしながら考えることができ、非常にありがたかったです。

一同 ありがとうございました。

解　説

「体を動かす遊びのための環境」の社会文化的文脈
──本書を読んでいただくにあたって

（秋田喜代美）

1．本書の成り立ち

　本書『「体を動かす遊びのための環境の質」評価スケール』は、第一著者と第二著者の共著で2015年に刊行された "Encouraging Physical Development through Movement-play"（体を動かす遊びを通して身体の発達を促進すること）の著書がもとになっています。特に第一著者のキャロル・アーチャー氏が長年子どもたちのために実施してきた実践や指導経験がもとになって生まれたものです。評価スケールとして開発を行い完成させたものとするためには、スケールの信頼性が高いということが求められます。そのために、著者らは、本スケールを開発するために、実際にロンドン市内の園で小規模パイロット研究をまず実施し、さらに子どもの体を動かす遊び環境への介入を行うことが子どもの運動発達に及ぼす影響について調べる研究を実施しました。また、そこからさらに本スケールを用いたより大規模な調査で、より多くの評定者が本スケールを用いても一致して安定して活用できる信頼性の高いスケールであることを検証したうえで、本書として刊行されています。そしてこのスケールは、現在ではイングランドだけではなく、アイルランドやオーストラリア等、他の英語使用圏でも実際に広く使われ始めてきています。これはイングランドの文化的文脈に埋め込まれた保育に沿う形で開発されてきたスケールです。ですから本書を読んでいただく際には、常にこれをそのまま当てはめるのではなく、日本の社会文化的文脈ではどうなのかと批判的な思考の眼を持ちつつ読んでいただくことが大事なことになってくると、訳者は考えています。

　本書前半部分の「MOVERS の作成経緯」の部分に書かれている内容は、上述した著書のエッセンスを簡潔にまとめて紹介した形となっています。したがって、本書について、より専門的に研究背景等を知りたい方は、本書と合わせて上記の著書も（翻訳は出ておりませんので、原著で）読むことをお奨めしたいと思います。その本の中では、本スケールを支える体を動かす遊びを支える発達理論や、それに関わる先行研究がより詳しく紹介され、MOVERS が評価スケールとして開発された過程が詳しく記されています。また本書は、2〜6歳のためのスケールとして、特に園において、体を動かす遊びのための環境を保育者が振り返るためのスケールとして出されています。しかし2歳以降にだけ注目をしているのではなく、著者らは0〜6歳までの子どもの運動発達をとらえ、家庭と連携して親も巻き込んで体を動かす遊びのプログラムを実施していくことの必要性や、さらに実践から園全体、あるいは自治体全体の政策へというような広い視点の包括的内容を書いています。それはこの第二著者が効果的な就学前教育および初等教育のあり方に関する長

期縦断研究（EPPSE 調査）に長年関与してきたことで培われてきた視点がここにも反映したものと考えることができます。特に強調されているのは、イギリスにおいて多文化的な背景を持った家族が増え経済格差が大きくなるとともに、貧困層の子どもたちにも体を動かす遊びの機会を平等に保障し提供することで、健やかな心身の育成が社会的に求められるようになっているという認識や、園や自治体もまた意識して運動遊びのための方針やプログラムを明示することが大切となっているという社会文化的背景です。

　そして本スケールは、第二著者であるシラージ教授が刊行する保育の質のための評価スケールとしては、認知発達のための ECERS-E、社会情動発達のための SSTEW に続く3冊目のスケールとして、第一、第二のスケールとほぼ同じような様式で評価できる運動発達のための環境の質評価スケールになります。そしてそれら3スケールに共通するのは、子どもの発達過程を説明する発達科学の理論を背景にしていること、そこでも個体能力の発達論よりも、子どもを取り巻く環境の方にも目を向けた社会文化的な発達理論によって子どもの発達を捉えようとする視座があることです。だから「保育環境の質」なのです。子どもの側の身体発達能力を評定し問題を指摘しようとするのではなく、その発達を支える保育環境の質の側に目を向けることで、どの子どもにも経験を保障しようという着想となっています。

　しかも認知、社会情動、身体運動のそれぞれを独立に捉えるのではなく、関連づけて包括的に捉えようとする視点がそこにはあります。この点は、本スケールで具体的に取り上げるならば、サブスケール3「身体活動と批判的思考を支えること」の項目8の「子どもたちの動きに関する語彙を支え、広げること」、項目9の『身体運動を通してコミュニケーションをとり、相互に関わることで、「ともに考え深めつづけること」を支えること』、項目10の「屋内・屋外で子どもたちの好奇心や問題解決を支えること」というように、子どもの運動能力だけに特化するのではなく、認知的、社会情動的な側面との関連にも目を向けたスケールとなっているところに、このスケールの独自性があると言えるでしょう。

　またさらに保育をシステムとして捉え、園や自治体、国が子どもたちの健やかな育ちを支えるためには保護者、地域共同体とともに、保育者が専門性を高め、協働分散型のリーダーシップで保育を行うことが必要と考えている点が著者らのスケールのもう一つの特徴とも言えます。子どもの運動発達に深く関わる要因として、著者らは上記書籍で、「教育課程」「室内外、園外の環境と道具や資源」「観察や計画を含む、子どもの学びに対する教育方法やアプローチ」「質を評価し改善する」「園医等他の保健医療の専門家からの意見」「園長等のリーダーシップとマネージメント」「職員間での分散化されたリーダーシップ」

「職員研修と専門性開発」「子どもたちの声を聴くこと」「親や看護師、保健士等の専門家、地域の人たちとの連携協働」の10の要因を挙げています。運動発達や体を動かす遊びと聞くと、運動遊びのための「教育課程」「室内外、園外の環境と道具や資源」「観察や計画を含む、子どもの学びに対する教育方法やアプローチ」の3点に目が向く人が多いのではないでしょうか。しかしそれだけではなく、教育システムとしての園や地域全体を包括的に環境として整えること、そのために10の要因がその政策として大事であることを、この著者らは主張しています。この点が、サブスケールの4「保護者と保育者」の項目に特によく表れていると言えるでしょう。

　これらの点は、日本の保育実践でも実際にはすでに実施され含まれていることではあります。しかし暗黙に行っていることを見える化することの大切さという観点からも、私自身は特に意識して捉えたい点、学びたい点として、サブスケール3や4を読者の皆様に意識して読んでいただきたいと思います。

2. 国際的な動向と日本の文脈での体を動かす遊び

　運動発達が身体の健康だけではなく、心の発達、つまり認知的、社会情動的発達に及ぼす影響が大きいことは、これまでにも数多くの実証研究によって明らかにされています。近年では、OECDが実施するPISAの学力テスト得点においても、小学生時期の身体能力や健康が学力得点を予測することが2015年のPISAテスト結果において示されたことで、国際的にも、体育がこれからの社会においては特に重要な教科であることは、学校教育分野では注目されてきています。また先進諸国では、子どもの肥満が成人病と密接な関連があることが指摘されています。世界の先進諸国各国に比べると日本は、肥満や過体重と言われる子どもたちも成人も比率は低い状況にあります。それでも、生涯にわたるウェルビーイングを考えた時に、健康のための体づくり、そのための体を動かす遊びの重要性が、発達科学や医学分野等多様な領域からも指摘されるようになってきています。

　認知的な課題遂行とは異なり、運動はできるかできないかが、他の人からも目に見えてわかるものです。したがって、運動能力は、子どもの自信や自己肯定感、様々なことを行う意欲に直結しやすく、またそれは仲間同士の力関係などにも小さい時には特に影響をもたらしやすく、ルールを守ったり、自己調整能力などにも影響すると海外のデータ等からは示されています。そして運動能力も他の能力同様、乳幼児期からの経験とともに累積的に発達するため、乳幼児期における体を動かす遊びの重要性を見過ごすことはできないと言えます。体幹の発達が、微細運動や事物を捉える認知機能にも影響を与えるために、粗

大運動としての多様な体の動きが重視されてきています。乳幼児期からの身体運動発達や健康への注目が高まってきているのが国際的な動きです。本書の刊行もそうした動向を著者らが意識して執筆したという背景もあります。

　日本では、「知・徳・体」として教育において身体の鍛錬や育成が歴史的に大事にされてきました。昭和 39 年以来、学校教育において体力・運動能力調査が実施されています。実のところ、子どもの運動能力のデータを 50 年間以上にわたって蓄積してきている国は、先進諸国の中でもほとんどなく、この意味で日本は、体育や身体運動発達を大事にしてきた国としての独自性を持っているのです。これは日本国内では、子どもの体力低下や運動能力の低下の議論が目立つために、国際的な評価は見えにくいものです。けれども国際的な動きの方が遅れて日本についてきているという感もあります。これからさらに日本での学校教育や乳幼児期の運動遊びの見識は世界にも必要とされ、プレゼンスを発揮できる領域であるとも言えるでしょう。

　しかし子どもたちの実態として、都市化が進み、また親も子どもも多忙化し生活様式等が変化したことによる、子どもの運動能力や体力の低下が指摘されて久しい状況です。

　特に幼児期については文部科学省が、平成 24（2012）年に、幼児期運動指針を策定しました。楽しく体を動かす遊びを中心に、散歩や手伝いなども含めて毎日 60 分以上、体を動かすことが推奨されています。都道府県や市区町村でも独自の幼児期運動プログラムを策定するところも増えてきています。また全国国公立幼稚園・こども園長会でも平成 29 年に子どもの体力運動能力を向上させるための調査研究が実施され、親子で一緒に体を動かして遊ぶことの効果が明らかにされ、親子で体を動かして遊ぼうということのキャンペーンなどが全国的にも行われてきています。また、平成 28 年度体力・運動能力調査結果の分析からは、入学前の外遊びの実施状況と 10 歳時点の運動・スポーツ実施状況との関係の分析から、入学前の外遊びの実施頻度が高く週 6 日以上の子どもと、実施頻度が低く週に 1 日以下の子どもでは、入学後の運動頻度に男子で 30%、女子で 50% 近い差があることが明らかになっています。そしてこの傾向は 6 歳から 11 歳までのすべての年齢に同様の結果が得られていることから、6 歳までに体を動かす遊びを行うことの大切さが証明されているということもできます。

　本書を読んで、日本ではもっと楽しく遊べる環境を園庭や室内で準備しているのにと感じられた方も中にはおられるかもしれません。運動のために特化した単機能の環境だけではなく、園庭での築山や階段、木登りなどで高低差や段差をうまく活用した環境やジグザグ道などが動きを引き出している場合もありますし、散歩等の中で一定の運動量を保障している動きもあるかもしれません。また擬音語や擬態語を使いながら共鳴する身体動作を

楽しんでいたりということもあるでしょう。むしろ、本スケール以外のところでもどんなことが日本ではあるのかなといったことも考えていただけるとよいのかもしれません。

　アセスメントのラテン語の語源は「そばに座る」だそうです。つまり評価スケールというのは傍らにいて感じたことをつぶさに捉え、語り合うことでさらなる向上につなげていき、子どもに戻すものという視点でこの評価スケールも考えてみていただけるとよいのではないかと思います。ここでは環境の側に目を向けていますが、運動遊びにおいては得意な子どもがいる一方で、苦手意識を持っていたり、できないという気持ちから行動としてはできていない子もいるかもしれません。そうした子どもの気持ちと行動量の両面から個々人に応じた環境はどうあったらよいのか、またもっとやりたいという子どもにとって、子ども自らも、ともに環境構成を行う者としてとらえながらどのような挑戦的な環境を構成していくことができるのかを考えていくことも大事な視点ではないでしょうか。子どもの気持ちと動きをともに考え、環境を構成しまた援助をしていくところに保育者の専門性があります。日本では古くからの伝承遊びとしての鬼ごっこや縄跳びやまりつきをはじめ、いろいろな遊びの中に動きを引き出す多様な遊びがたくさんあります。そうした楽しい遊びを意識し、そしてさらにそれを子どもたち自身が主体的に変化変容させながら遊びを発展させていく姿の中で体を動かす遊びについても考えていくことが大事でしょう。環境というものをより力動的、柔軟に考えることで多様な動きと洗練された動きを楽しむ環境への取り組みに本書がつながればと思います。

　保育者が経験を重ねる中で、言葉だけで子どもを動かすようになるのではなく、保育者もまたともにワクワクしながら身体を動かし共振することで、子どもたちも動き出すようになります。また少し年齢の高い年長児や小学生の動きを見ることでやってみたくなります。保育者自身も仲間も体を動かす遊びのモデルとなり環境となるという人的環境と物理的環境を社会文化的文脈の中で創り出していくことが大事でしょう。そうしたことが、日本ならではの文脈として、今後さらに検討されていくことを願っております。

あとがき

　本書翻訳のきっかけは、第二著者のシラージ教授からご紹介いただき翻訳を勧めていただいたことが直接の契機です。と同時に実際に本書を読み、日本の保育の文脈において、身体を動かす遊びはすでに多様な良質の実践が行われてきていますが、その実践を振り返る手がかりとなる道具（ツール）の一つとして、保育者同士で本書を用いて対話をすることが気づきを与えてくれるのではないかと考えたことによります。解説にも述べたように、日英の社会文化的文脈の違い、またスケールで保育をある一定の基準を設定して評価するために観察するというあり方への抵抗感から、本スケールに違和感を感じる方も、中にはおられるかもしれません。

　しかし「環境を通して行う保育・教育」を大事にする日本の保育理念をより深めて考えていく一助となるであろうこと、また園庭を持たない保育施設で乳児期から長時間を過ごす子どもたちの数が増える中で、室内外で身体を動かす遊び環境づくりを行うことの価値や意義をより真摯に考えることが、子どもの最善の利益の保障には必要であり喫緊の課題であると考え、翻訳を行うことを決めました。

　そして、シラージ教授の前著2冊『「保育プロセスの質」評価スケール』および『育み支え合う　保育リーダーシップ』の翻訳を引き受けてくださった淀川裕美さんのリーダーシップのもと、園庭に関する調査研究で共同研究を行い、子どもが体を動かす戸外経験にも高い関心をもつ辻谷真知子さんと宮本雄太さんの新進気鋭の東京大学の博士課程の院生のお二人が分担して翻訳を引き受けてくださいました。2017年原著刊行の本書が2018年に刊行できるのは、この若手3名の熱のこもった仕事のおかげです。上記経緯から、訳者は、いわゆる身体運動発達や運動遊びの専門家ではありません。そこで、乳幼児の運動遊びを専門として研究されておられ座談会でもご登壇をいただいた松嵜洋子教授が、最後に翻訳をチェックいただく労も取ってくださり本書刊行をご支援くださいました。改めてこの労に感謝を申し上げたいと思います。また身体を動かす遊びの実践を長年にわたって取り組んでこられた座談会登壇者、松嵜洋子先生、安家周一先生、桶田ゆかり先生の3名が日本の読者に伝わるように本書の意義を専門的視点から語ってくださったことに厚く御礼を申し上げます。この架け橋の作業としての座談会とセットで本書の意義や価値が大きく高まったと思います。

　そして今回も明石書店編集部の深澤孝之さんには企画から大変お世話になり、また秋耕社の小林一郎さんにも編集実務で丁寧なお仕事をしていただきました。心からの謝意を

表したいと思います。

　本書が、研修等で使われることで各園での保育の質向上への対話の一助となり、そしてさらには自治体の保育や教育の政策関係者の眼にも止まることで、保育室や園庭、地域の遊び場等において、健やかな体と心を育む場がさらに生まれていくことへの寄与につながるならば、訳者として幸いに思います。子どもたちの健やかな身体と心の育ちを願って本書を締めくくりたいと思います。

　　2018 年 4 月

　　　　　　　　　　　　　　　　　　　　　訳者を代表して　秋田喜代美

●監訳・解説者紹介
秋田 喜代美（あきた・きよみ）
東京大学大学院教育学研究科教授。同附属発達保育実践政策学センターセンター長。博士（教育学）。専門は保育学、教育心理学、授業研究。長年園内研修にかかわり、保育の質の向上や保育者の専門性・実践知に関する研究を行っている。OECD ECEC ネットワークビューローメンバー〔2012年〜現在〕。近著に『子どもたちからの贈り物——レジョエミリアの哲学に基づく実践』（共編著、萌文書林、2018年）、『保育の心意気』（ひかりのくに、2017年）、『育み支え合う　保育リーダーシップ』（翻訳、明石書店、2017年）、『あらゆる学問は保育につながる』（分担執筆、東京大学出版会、2016年）、『保育学講座　第1巻　保育学とは』（分担執筆、東京大学出版会、2016年）、『「保育プロセスの質」評価スケール』（明石書店、2016年）。

●訳者紹介
淀川 裕美（よどがわ・ゆみ）
東京大学大学院教育学研究科附属発達保育実践政策学センター特任講師。博士（教育学）。専門は保育学。保育の質、保育者と子どもたちの言葉のやりとり、食事場面に関する研究を行っている。著書に『育み支え合う　保育リーダーシップ』（翻訳、明石書店、2017年）、『あらゆる学問は保育につながる』（分担執筆、東京大学出版会、2016年）、『「保育プロセスの質」評価スケール』（明石書店、2016年）、『保育所2歳児クラスにおける集団での対話のあり方の変化』（風間書房、2015年）。

辻谷真知子（つじたに・まちこ）
白梅学園大学・日本学術振興会特別研究員（PD）、東京大学大学院教育学研究科博士課程修了。博士（教育学）。専門は保育学。保育における屋外環境、園の規範（決まり事やルール）、幼児の規範意識に関する研究を行っている。著書に『保育内容　環境　第3版』（分担執筆、株式会社みらい、2018年）。

宮本雄太（みやもと・ゆうた）
東京大学大学院教育学研究科博士課程。日本学術振興会特別研究員（DC）。修士（教育学）。専門は保育学。保育における子どもの視点、民主主義、幼児の集まり場面における自己表出と自己抑制を主体性とケア性の観点から研究を行っている。著書に『Childhood in the mirror』（分担執筆、Springer、近日刊行）。

●座談会参加者
安家周一（あけぼの学園理事長・園長、梅花女子大学教授）
桶田ゆかり（文京区立第一幼稚園長）
松嵜洋子（千葉大学教育学部教授）

●著者紹介

キャロル・アーチャー（*Carol Archer*）

ロンドン、カムデン郡のアドバイザー教師であり、30年間にわたりイギリスおよびアイルランドやルクルセンブルクをはじめ海外において体を動かす遊びの実践者であり、コンサルタントである。彼女はチルドレンズ・センターや、非営利および民間のナーサリーで、動きと遊びを補うために保育者を支援してきており、乳幼児教育・保育（ECEC）や小学校教育初期の保育者を対象に中央研修や現職研修を実施している。多くの施設でMOVERSスケールの初期および最新の版を用いながら、質を調査し、また、園の質をあげるための指導や支援を行ってきている。

イラム・シラージ（*Iram Siraj*）

ロンドン大学教育学専門大学院教授、ウーロンゴン大学（オーストラリア）客員教授。EPPSE（就学前教育・初等教育・中等教育の効果的な実践）縦断調査、はじめて 'Sustained Shared Thinking'（「ともに考え、深めつづけること」）（SST）の概念を発展させたREPEY（効果的な幼児教育法調査）を共同で実施した。子どもの認知的・社会情動的発達を支えるための質評価の補足尺度であるECERS–E（2010）やSSTEW（2015）の共同執筆者であり、保育の質、ペダゴジー（教育方法）やカリキュラムに関する著作多数。

「体を動かす遊びのための環境の質」評価スケール
──保育における乳幼児の運動発達を支えるために

2018年5月15日　初版第1刷発行

　　　　　　　　　　　著　　者　　キャロル・アーチャー
　　　　　　　　　　　　　　　　　イラム・シラージ
　　　　　　　　監訳・解説者　　秋　田　喜　代　美
　　　　　　　　　　　訳　　者　　淀　川　裕　美
　　　　　　　　　　　　　　　　　辻　谷　真　知　子
　　　　　　　　　　　　　　　　　宮　本　雄　太
　　　　　　　　　　　発行者　　大　江　道　雅
　　　　　　　　　　　発行所　　株式会社　明　石　書　店
　　　　〒101-0021　東京都千代田区外神田6-9-5
　　　　　　　　　　　電　話　　03（5818）1171
　　　　　　　　　　　ＦＡＸ　　03（5818）1174
　　　　　　　　　　　振　替　　00100-7-24505
　　　　　　　　　　　http://www.akashi.co.jp
　　　　　　　　　　　装丁　　明石書店デザイン室
　　　　　　　　　　　印刷・製本　　日経印刷株式会社

（定価はカバーに表示してあります）　　　　　　ISBN978-4-7503-4683-0

心の発達支援シリーズ

【全6巻】

［シリーズ監修］
松本真理子、永田雅子、野邑健二

◎A5判／並製／◎各巻2,000円

「発達が気になる」子どもを生涯発達の視点からとらえなおし、保護者や学校の先生に役立つ具体的な支援の道筋を提示する。乳幼児から大学生まで、発達段階に応じて活用できる使いやすいシリーズ。

乳幼児
第1巻 育ちが気になる子どもを支える
永田雅子【著】

幼稚園・保育園児
第2巻 集団生活で気になる子どもを支える
野邑健二【編著】

小学生
第3巻 学習が気になる子どもを支える
福元理英【編著】

小学生・中学生
第4巻 情緒と自己理解の育ちを支える
松本真理子、永田雅子【編著】

中学生・高校生
第5巻 学習・行動が気になる生徒を支える
酒井貴庸【編著】

大学生
第6巻 大学生活の適応が気になる学生を支える
安田道子、鈴木健一【編著】

〈価格は本体価格です〉

発達障害が
ある子の

シリーズ 生きる力

四六判／並製

をはぐくむ

1 発達につまずきがある 子どもの子そだて——はじめての関わり方

湯汲英史（ゆくみえいし）編著　◎1500円

発達障害がある子どもをそだてる保護者・支援者に勇気を与える一冊！　発達障害児のそだちの見通しを立て、具体的で効果的な日々の接し方ができるよう、療育（治療教育）のプロが基本的な関わり方や考え方をわかりやすく解説。保護者のみならず、発達障害に関わる専門職・保育士・教員・指導員など必読！

2 子どもと変える　子どもが変わる 関わりことば——場面別指導のポイント

湯汲英史著　◎1500円

子どもが自分で考え、判断し、行動できるために欠かせないのが「関わりことば」。思いもよらないシンプルでインパクトのあることばで、人やものに対する見方や考え方を教え、「自分で決められる子」「上手に伝えられる子」になる！　家庭や園・学校ですぐに使える珠玉の関わりことば20を日常場面ごとに紹介。

3 ことばの力を伸ばす 考え方・教え方——話す前から一・二語文まで

湯汲英史編著　◎1500円

発達につまずきがある子どもを持つ保護者や支援者・指導者向けに、ことばの発達をうながす考え方と関わり方をわかりやすく解説する。子どもが自分の意思を上手に表現し、社会性をはぐくんでいくための、くらしの工夫や場面づくり、からだを使ったやりとりなど、家庭ですぐに実践できるアイデアも豊富に紹介。

3000万語の格差

赤ちゃんの脳をつくる、親と保育者の話しかけ

ダナ・サスキンド 著
掛札逸美 訳　高山静子 解説

■A5判／並製／272頁　◎1800円

算数や国語の学力、粘り強さ、自己制御力、思いやり……、生まれた瞬間から最初の数年間に、親や保育者が子どもとどれだけ「話したか」ですべてが決まる。日本の子育て、保育が抱える課題とその解決策を、科学的な裏づけと著者自身の具体的な実践から示した書。

社会情動的スキル

学びに向かう力

経済協力開発機構（OECD）編著
ベネッセ教育総合研究所　企画・制作
無藤隆、秋田喜代美　監訳
荒牧美佐子、都村聞人、木村治生、
高岡純子、真田美恵子、持田聖子　訳

■A5判／上製／224頁　◎3600円

現代の社会において成功した人生を歩むためには、バランスのとれた認知的スキルと社会情動的スキルが鍵となる。本書は、人生の成功に結びつく社会情動的スキル（あるいは非認知的スキル）を特定し、そうしたスキルを育成するための方策を整理する。

〈価格は本体価格です〉

エピソードで学ぶ
子どもの発達と保護者支援
発達障害・家族システム・障害受容から考える

玉井邦夫 著

■四六判／並製／240頁 ◎1600円

保育士に求められる保護者支援で大切にしたいことは何なのか。発達障害や虐待といった、子どもと家族を取り巻くさまざまな要因の中で、子育てに関する課題意識を保護者と共有し上手に役割分担していくためのヒントを、豊富なエピソードを交えてわかりやすく描く。

親力をのばす0歳から18歳までの子育てガイド
ポジティブ・ディシプリンのすすめ
ジョーン・E・デュラント著
セーブ・ザ・チルドレン・ジャパン監修 柳沢圭子訳
◎1600円

脳からみた学習 新しい学習科学の誕生
OECD教育研究革新センター編著
小泉英明監修 小山麻紀、徳永優子訳
◎4800円

ことばの教育と学力
未来への学力と日本の教育④
秋田喜代美、石井順治編著
◎2400円

世界の幼児教育・保育改革と学力
未来への学力と日本の教育⑨
泉千勢、一見真理子、汐見稔幸編著
◎2600円

OECD保育白書
人生の始まりこそ力強く：乳幼児期の教育とケア（ECEC）の国際比較
OECD編著
星三和子、首藤美香子、大和洋子、一見真理子訳
◎7600円

保育・子育て支援の地理学
福祉サービス需給の「地域差」に着目して
久木元美琴著
◎2800円

子どもの貧困対策と教育支援 より良い政策・連携・協働のために
末冨芳編著
◎2600円

子どもの権利ガイドブック【第2版】
日本弁護士連合会子どもの権利委員会編著
◎3600円

〈価格は本体価格です〉

「保育プロセスの質」評価スケール

乳幼児期の「ともに考え、深めつづけること」と「情緒的な安定・安心」を捉えるために

イラム・シラージ、デニス・キングストン、エドワード・メルウィッシュ 著
秋田喜代美、淀川裕美 訳

B5判／並製 ◎2300円

本書は、英国における保育の質と子どもの発達に関する縦断研究を踏まえて開発された、保育プロセスの質評価のための尺度である。日々の保育者と子どもたちとのやりとりを、質的に、きめ細やかに捉えようとする内容であり、保育の現場で活用できるよう工夫されている。

育み支え合う保育リーダーシップ

協働的な学びを生み出すために

イラム・シラージ、エレーヌ・ハレット 著
秋田喜代美 監訳・解説　鈴木正敏、淀川裕美、佐川早季子 訳

B5判／並製 ◎2400円

保育の質の向上に重要な意味をもつリーダーシップとは何なのか。実証的なエビデンスに基づく本書では、とくに分散・共有型のリーダーシップに注目、これを園で実行していくための実践のあり方を紹介する。巻末に日本の現場に合った活用法を考える座談会を収録。

〈価格は本体価格です〉